Carsten Bothe

Das große Dutch-Oven-Kochbuch

VENATUS
VERLAGS-GMBH

Die im Buch genannten Methoden und Anleitungen sind von Autor und Verlag sorgfältig erarbeitet und geprüft worden. Da sie ohne Einfluß und Kontrolle des Autors oder Verlages angewendet werden, müssen wir – Autor, Verlag und dessen Beauftragte – leider jegliche Haftung und Gewährleistung für Personen-, Sach- und Vermögensschäden ausschließen. Die Anwendung geschieht auf eigene Gefahr!

Wir produzieren grundsätzlich in Deutschland. Das Geld, das uns zufriedene Kunden bezahlen, soll wieder in die deutsche Wirtschaft investiert werden, um die Kaufkraft unserer Kunden zu erhalten.

Wir sind Mitglied im VDB Verband der Büchsenmacher und Waffenfachhändler und unterstützen das Forum Waffenrecht. Helfen Sie mit, das Freiheitsrecht der Jagdausübung und des legalen privaten Waffenbesitzes zu verteidigen, denn Jäger und Sportschützen sind nicht kriminell!

Die VENATUS Verlags-GmbH hält sich an die traditionelle deutsche Rechtschreibung, wie sie bis zum 1.8.1999 gültig war.

Köterei 15
38108 Braunschweig
Telefon: 0531-37 75 12
Telefax: 0531-37 75 38
info@venatus.de
www.venatus.de

ISBN 3-932848-31-4

Umschlagfoto: Lodge
Bildnachweis: alle Bilder stammen vom Autor, Zeichnungen von Lodge
Lektorat: Carsten Bothe
Druck: GGP media on demand, Pößneck
Einige der Rezepte stammen von Corina Klengel, Mathias Kretschmann, Thomas Laible.

Carsten Bothe

Das große Dutch-Oven-Kochbuch

Vorwort

Vielleicht interessiert es Sie, wie ich dazu gekommen bin, die Dutch-Oven nach Deutschland zu bringen. Die Geschichte ist es jedenfalls wert, erzählt zu werden. Schon seit Kindesbeinen an fasziniert mich das Leben im Freien, das Kokeln am Feuer und das Leben der Trapper. Mit den Jahren wuchs der Wunsch, nach dem Land der Unbegrenzten Möglichkeiten zu reisen. Schließlich konnte ich mir diesen Wunsch im Studium erfüllen.

Mit den Trappern zu jagen, in den unendlichen Weiten der Rockies am Feuer zu sitzen – das war es, was ich wollte. Ein Dutch-Oven gehört einfach dazu. Meinen ersten Dutch-Oven habe ich im wilden Wyoming gekauft und im Handgepäck mit nach Deutschland gebracht. Noch heute besitze ich ihn und immer, wenn ich darin koche, schweifen meine Gedanken wieder über die Prärie und durch die tief verschneiten Wälder zu Kojoten, Mardern, Bären und Elchen.

Eines Tages verschlug mich die Arbeit nach Frankfurt zur Ambiente, der weltgrößten Konsumgütermesse. Ich besuchte diese Messe am letzten Tag, und in einer der letzten Hallen stand an einem kleinen Stand Bob Kellerman, Enkel des Gründers der Firma Lodge Manufacturing Industries – inmitten von Dutch-Oven in allen Größen!

Ich hatte schon vorher versucht, Dutch-Oven nach Deutschland zu importieren, aber nur der persönliche Kontakt und eine „Seelenverwandschaft" für die Sucht nach der Faszination „Dutch-Oven" machte die Geschäftsbeziehung komplett.

Mein alter 10"-Dutch-Oven ist für mich nicht nur ein Kochgeschirr, er ist ein Freund, mit dem ich viele Abenteuer bestanden und viele Nächte am Lagerfeuer zugebracht habe. Das macht den Reiz aus.

In diesem Sinne wünsche ich Ihnen viel Spaß mit Ihrem Dutch-Oven und guten Appetit beim Ausprobieren der Rezepte.

Braunschweig, im Oktober 2002

Dear Reader,

We extend congratulations to Carsten Bothe on this new book converting traditional German dishes into camp Dutch oven recipes to share with other Dutch oven cooking enthusiasts.

The history of the Dutch oven dates back to the Renaissance along with the art of casting pots and kettles. Tight fitting lids began to appear for the kettles and pots by the mid-eighteenth century. Further refinement followed and a "camp oven" or "bake oven" was developed not only for use at the hearth but for use at a campfire.

With the development of newer and more sophisticated kitchen appliances, the interest in campfire cooking declined. In recent years, however, Dutch oven cooking has enjoyed a revival in the American West and throughout the world. Now we are seeing renewed interest in the tradition, pleasure, flavor and mystique of "the old black pot magic."

We are grateful to Carsten for all he is doing to spread the word about Dutch oven cooking.

Sincerely,

LODGE MANUFACTURING COMPANY

Bob Kellermann
Chairman and CEO

Inhalt

Fleisch 59

Geflügel 77

Damals...

Erinnern Sie sich noch an die alte Küche Ihrer Großmutter? Stand dort vielleicht auch ein großer Herd, der mit Holz befeuert wurde? Ihre Großmutter hängte sicher schwere gußeiserne Töpfe in die Feuerlöcher dieses alten Herdes. Vielleicht können Sie sich auch noch an den besonderen Geschmack von Großmutters Speisen erinnern. Zart-saftige Schmorbraten und herrlich deftige Eintöpfe ...

Den Jüngeren unter Ihnen hat man natürlich schon vielfach erzählt, daß Großmutters Küche doch etwas ganz besonderes war und man nie wieder so ein Geschmackserlebnis gehabt habe. Sicher liegt das zum Teil daran, daß Ihre Großmutter hervorragend kochte. Aber zu einem Teil liegt der besondere Geschmack auch daran, wie man damals kochte – nämlich in gußeisernen, schweren Töpfen! Diese Töpfe wurden im Laufe der Jahre immer wertvoller, einfach durch ihre Benutzung.

Nun kommen diese traditionellen Töpfe zurück, nachdem sie einen weiten Weg über den großen Teich und quer durch das Land der unbegrenzten Möglichkeiten gemacht haben. Der Dutch-Oven war das gußeiserne Kochgeschirr, welches die großen Siedlertrecks begleitete oder auf dem Küchenwagen der Rindertrecks mitfuhr. So wurden die alten Eisenkasserollen unserer Heimat zu einem Stück amerikanischer Geschichte.

In unserer hochtechnisierten und schnellebigen Zeit suchen immer mehr Menschen den Ausgleich in den einfachen Dingen des Lebens. Gemeinsames Kochen und Essen gehört zu den wichtigsten Ritualen des menschlichen Zusammenlebens. Verbindet man dies mit dem ursprünglichen Leben im Freien, mit einem Lagerfeuer oder einem Picknick, so kann dies gerade für Kinder zu einem unvergeßlichen Erlebnis werden.

Das schöne an dem Dutch-Oven ist, daß Sie ihn überall aufbauen können, wo offenes Feuer erlaubt ist. Auch die Auswahl der Speisen, die man in einem Dutch-Oven herstellen kann, ist weitaus vielfältiger, als beim Grillen. Wenn sich Freunde nach einem Wandertag an einer Feuerstelle oder einfach nur auf der Terrasse treffen und jeder seinen Dutch-Oven auf die Glut stellt, dann kann man sicher sein, daß es so richtig gemütlich wird.

Und nach den in einem Dutch-Oven geschmurgelten Speisen kann man so süchtig werden, daß sich Dutch-Oven-Fans auch von dem deutschen Wetter nicht abhalten lassen, diesen zu benutzen.

Geschichte des Dutch-Oven

Die Firma „Lodge Cast Iron" ist in den USA bereits seit über hundert Jahren im Geschäft. Mit der Gründung der Firma, welche jene alten Küchenartikel aus schwerem Gußeisen herstellte, konservierte Josef Lodge 1896 ein Stück amerikanische Geschichte, die in Form von schweren, schwarzen Eisenpötten bereits mit der „Mayflower" in das gelobte Land kam.

Der Dutch-Oven begleitete die Amerikaner über die Jahrhunderte und wird in historischen Erzählungen immer wieder als das wichtigste Utensil der großen Trecks beschrieben, die sich im frühen 18. Jahrhundert gen Westen bewegten.

Auch für die ersten Siedler war der Dutch-Oven unentbehrlich. Hausierer sorgten für die Verbreitung der „schwarzen Töpfe" in allen Haushalten. Diese Hausierer entstammten der Siedlergruppe, die man „Pennsylvania Dutch" nannte. „Dutch" heißt zwar eigentlich übersetzt Holländisch, jedoch weiß man heute, daß die Siedler Ohios und Pennsylvanias deutschen Ursprungs sind. Der Dutch-Oven erhielt seinen Namen also von Hausierern, die man für Holländer hielt, die jedoch überwiegend deutschstämmig waren. Die Lautverwandtschaft zwischen „Dutch" und „Deutsch" scheint zu einem Mißverständnis geführt zu haben, welches bis heute nicht eindeutig geklärt werden konnte.

Der Besitz einer Sammlung gußeisernen Küchengeschirrs stellte einen solchen Schatz dar, daß die „cast-iron kitchen furniture" regelmäßig in den letzten Willen mit aufgenommen wurde, so auch in den von George Washingtons Mutter Mary. Dutch-Ovens lagerten in den „Chuck-Wagons", den Küchenwagen, die die großen Trecks und Viehtriebe begleiteten. Viele werden die Chuck-Wagons und auch die Dutch-Oven aus so manchem Kinofilm kennen, der sich um das Cowboyleben dreht. Mit dem Dutch-Oven wurden tatsächlich zahlreiche hungrige Cowboys bekocht. Für alle, die für ein paar Tage unter freiem Himmel campen mußten, gab es eine Ausführung des Dutch-Ovens aus leichterem Blech oder Alu. Doch mit dieser Ausführung umzugehen, war ungleich schwieriger und nicht selten schmolz einem armen Cowboy in der unberechenbaren Glut eines Lagerfeuers der Blechdeckel in die Bohnen, bevor diese gar waren. Zurück im Basislager oder auf der Ranch freute sich jeder Cowboy auf den Platz am Feuer und auf das Essen aus dem schweren Dutch-Oven, und alle anderen freuten sich auf eine ausgeschmückte Erzählung seiner Erlebnisse, während sie den leeren Topf und das Feuer umringten.

Ob auf dem Treck, dem Viehtrieb, bei den Schafherden, den Goldwäschern oder bei der Kavallerie – immer war der Dutch-Oven dabei. Für die Amerikaner spielte das Leben unter freiem Himmel schon immer eine besondere Rolle. Es ist die Geschichte Amerikas, die ja nun mal etwas kürzer ist, als die Europas. Campen und das Kochen außerhalb der mit allen Finessen ausgestatteten Küche hat daher auch im modernen Amerika einen hohen Stellenwert. Es sind nicht die Entbehrungen der alten Zeit, die man mit dem Dutch-Oven-Cooking wieder hervorholen will. Es ist das Besinnen auf die alten Werte, des unbedingten Miteinanders, welches Siedler und Cowboys auszeichnete und zusammenschweißte. Man war nicht nur aufeinander angewiesen, sondern schätzte die Gemeinschaft als etwas sehr wertvolles. Um ein offenes Feuer herum zu sitzen, gesungenen oder kernig erzählten Moritaten von schnellen Schützen oder wilden Hengsten zu lauschen und dabei miteinander einen „schwarzen Pott" voller Speckbohnen zu leeren, das war und ist bis heute das amerikanische Lebensgefühl schlechthin.

Die Qualität des Kochens in den „Gußeisernen" ist in den USA heute so bekannt, daß es dort Restaurants im rustikalen Country-Style gibt, in denen ausschließlich mit Dutch-Oven gekocht wird. Gourmets schätzen gerade den speziellen Geschmack, den das Gußeisen produziert. Es ist der gleiche Geschmack, den auch das Essen aus Großmutters alter Kasserolle auszeichnete.

Das Dutch-Oven-Cooking hat in den USA einen ganz besonderen Stellenwert. Es gibt Koch-Shows und Fernsehköche, die das Dutch-Oven-Cooking praktizieren. Die Outdoor-Köche ermitteln sogar regelmäßig ihre Meister in einem großen Dutch-Oven-Kochduell, welches in Utah stattfindet, wo auch die International Dutch Oven Society (IDOS) ansässig ist.

Vorbereitung und Pflege eines Dutch-Oven

Das hohe Gewicht eines Dutch-Ovens täuscht ein wenig darüber hinweg, daß ein schwarzer Pott Pflege braucht und auch nicht „unkaputtbar" ist. Gußeisen ist äußerst spröde. Einen Sturz auf festen Boden überlebt auch ein Dutch-Oven nicht.

Das Gußeisen des Dutch-Oven ist porös. Dies hat den Vorteil, daß Speisen in einem lang benutzten Topf einen ganz bestimmten Geschmack annehmen. Diese Geschmacks-Patina ist ebenso gewollt, wie der Geschmack eines guten Tees aus einer alten Kanne mit Thein-Schichten von jahrelangem Gebrauch.

Diesem porösen Material darf man jedoch nie mit scharfen Reinigern zu Leibe rücken. Scharfe Seifenstoffe würden von dem Material aufgenommen und könnten beim Kochen wieder an die Speisen abgegeben werden.

Einbraten

Damit so etwas nicht passieren kann, muß der Dutch-Oven vor seinem ersten Gebrauch eingebraten werden. Dazu wird er zunächst in heißem Wasser gereinigt und abgetrocknet. Danach wird die gesamte Oberfläche – noch heiß durch die Wärme des Wassers – mit geschmacksneutralem pflanzlichen Fett eingerieben. Hierzu eignet sich Kokosfett sehr gut. Das warme Material saugt das Fett regelrecht auf. So vorbereitet, wird der leere Dutch-Oven kopfüber in den heimischen Backofen gestellt, um dort mindestens eine Stunde bei 180 Grad zu verweilen. Sie sollten unter den Topf reichlich Alufolie legen, um herunterlaufendes Fett aufzufangen. Dann stellt man den Herd aus und läßt ihn zusammen mit dem Dutch-Oven auskühlen. Nach dieser Prozedur kann man das Fett nochmals mit einem Küchentuch verreiben. Der Dutch-Oven ist deutlich nachgedunkelt und statt der grauen Farbe hat er eine dunkelbraune Färbung angenommen. Bei dieser Behandlung verdampft ein Teil des Fettes und verqualmt unter Umständen Ihre Küche, lassen Sie daher beim Einbraten den Dutch-Oven nicht alleine und lüften Sie gut.

Ohne diese Vorbehandlung würde der Dutch-Oven seinen metallischen Geschmack von der Herstellung an die erste Speise, die darin köchelt, abgeben. Und er würde den Geschmack der ersten Speise aufnehmen und an die nächste abgeben. Es wäre überaus unpassend, wenn dann ein süßer Nachtisch nach Chili schmeckt.

Diese Vorbehandlung füllt die Poren des Metalls mit geschmacksneutralem Fett und schützt das Gußeisen vor Rost. Diese Behandlung sollten Sie regelmäßig wiederholen. Braten Sie bei den ersten Malen in einem neuen Dutch-Oven nach Möglichkeit fettige Speisen und keine Speisen mit viel Säure wie beispielsweise Tomaten oder Kirschen.

Durch die Benutzung nimmt der Dutch-Oven eine schwarze Patina an, die den „schwarzen Pötten" ihren Namen gab. Diese müssen Sie erhalten und pflegen. Es handelt sich dabei um Eisenhammerschlag, die gleiche Substanz, die sich beim Schmieden bildet. Eisenhammerschlag ist ein Eisenoxid, das sich nur bei Hitze bildet und im Gegensatz zum normalen roten Rost den Speisen einen rauchigen Geschmack gibt.

Besonders wichtig bei der Pflege des Dutch-Oven – wie bei anderen Gußeisengeschirren auch – ist die Reinigung. Sie dürfen niemals mit Seife oder anderen Reinigungsmitteln an das Gußeisen gehen, weil einerseits das poröse Material die Seifenstoffe aufnimmt. Andererseits entfernt die Seife die schützende Fettschicht. Gerade diese Schicht ist wichtig, damit beim Braten nichts anbrennt. Durch regelmäßigen Gebrauch und die richtige Reinigung erhalten Sie ein Kochgeschirr, in dem nichts anbrennt und das ganz einfach zu reinigen ist: Mit Wasser und sonst nichts.

Zum Reinigen waschen Sie Ihren Dutch-Oven lediglich mit heißem Wasser aus. Sollten Speisen angetrocknet sein, dann stellen Sie den Topf mit dem Wasser noch einmal auf die Glut und lassen das Wasser aufkochen. Mit einer Bürste läßt sich das meiste abschrubben, in ganz hartnäckigen Fällen hilft ein Schwamm aus rostfreiem Edelstahlgeflecht. Auch kann man mit etwas Salz als Scheuermittel arbeiten, aber dann ist die Fettschicht zerstört und Ihr Dutch-Oven muß neu gefettet und eingebraten werden (s.o.).

Bei normaler Verschmutzung reicht es unter Umständen, wenn sie Ihren Dutch-Oven mit einem Küchentuch auswischen.

Sie sollten Ihren Dutch-Oven beim längeren Aufbewahren mit einem guten Speiseöl einfetten und in das Innere ein Blatt Küchenpapier legen, um gegebenenfalls Feuchtigkeit aufzusaugen. Gegen den Muff hilft es, den Deckel nicht ganz zu schließen.

Sie dürfen niemals Speisen, besonders keine mit viel Säuren, in ihrem Dutch-Oven aufbewahren. An der Kontaktfläche zwischen Speise, Topf und Luft bildet sich sofort roter Rost, der die Speisen und den Topf verdirbt. Nach dem Kochen werden Reste sofort in einen andere Schüssel umgefüllt.

Hier noch ein weiterer wichtiger Tip: Gießen Sie niemals kaltes Wasser in einen heißen Dutch-Oven! Er würde sich ungleichmäßig abkühlen, dabei verziehen und nicht mehr dicht schließen.

Einiges zu den Rezepten...

Wir haben uns bemüht, die Rezepte so einfach wie möglich zu halten, damit wir auch dem Dutch-Oven als Topf der Wildnisküche gerecht werden. Daher sind einige der Rezepte nur mit groben Mengenangaben versehen. Auch läßt sich nicht jedes Rezept an einer bestimmten Größe eines Dutch-Oven festmachen. Wo das geht, haben wir es geschrieben, aber leider konnten wir nicht jedes Rezept mit jeder Ofengröße nachkochen – das hätte unseren Etat und Leibesumfang gesprengt. Probieren Sie einfach aus und schmecken Sie die Rezepte zwischendurch immer wieder ab.

Als Abkürzungen haben wir lediglich „Tl" für Teelöffel und „El" für Eßlöffel verwendet.

Kochen mit dem Dutch-Oven

Was ist ein Dutch-Oven und wie funktioniert er?

Dieser Punkt ist schnell erklärt. Der Dutch-Oven ist ein schwerer Topf aus Gußeisen mit einem exakt passenden Deckel. Es gibt die Dutch-Oven in verschiedenen Größen zwischen acht und 16 Zoll Durchmesser.

Das massive Gußeisen heizt sich langsam und schonend für die Speisen auf. Einmal erhitzt, benötigt ein Dutch-Oven erstaunlich wenig Glut für den Garvorgang. Das schwere Material gleicht die unregelmäßige Hitze eines Feuers aus und gibt diese schonend an die Speisen weiter. Der eingeschliffene Deckel hält durch sein Gewicht und die exakte Paßform den Topf dicht verschlossen. Die Speisen garen dadurch im eigenen Dampf, ähnlich wie in einem Dampfdrucktopf. Fleisch wird so unvergleichlich zart und saftig.

Der Dutch-Oven ist mit drei Beinen ausgestattet, damit man die Glut darunter schieben kann. Warum nur drei Beine? Ganz einfach: Drei Beine wackeln nie!

Der Deckel hat einen erhöhten Rand, damit die darauf geschichtete Glut nicht herunterfällt. So wird der Dutch-Oven von allen Seiten aufgeheizt. Der Deckel ist gleichzeitig eine Bratpfanne. Er wird dazu mit der Oberseite nach unten auf einen speziellen Deckelständer gestellt und mit einigen wenigen Kohlen geheizt. So werden Steaks, Speck, Eier oder Pfannkuchen gebraten.

Die Basisausrüstung

Um mit Ihrem Dutch-Oven zu kochen, benötigen Sie lediglich den Dutch-Oven mit Deckel, einen Deckelheber, einen Deckelständer, sehr hitzebeständige Schutzhandschuhe und natürlich eine kleine Feuerstelle mit Holzkohlebriketts und Kohlenzange. Für all diejenigen, die nicht bei den Pfadfindern gelernt haben, wie man etwas zum Brennen bringt, empfiehlt sich der Einsatz eines Kohlenstarters. Dabei handelt es sich um einen kleinen Ofen, der Ähnlichkeit mit einem Stück Ofenrohr hat. Dieser Kohlen-Starter wird von oben mit Holzkohlebriketts und vielleicht mit einer Anzündehilfe befüllt und angesteckt. Mit diesem genialen kleinen Gerät gelingt es jedem, Grillbriketts anzuheizen. Sobald die Briketts anfangen weiß zu werden, haben sie die richtige Temperatur und können zum Kochen mit dem Dutch-Oven verwendet werden.

Die „alten Trapper" konnten natürlich nicht auf die modernen Grillbriketts zurückgreifen, sondern mußten sich glühender Holzscheite bedienen oder in der baumlosen Prärie mit getrockneten Büffel-Fladen vorlieb nehmen. Was vor einhundert Jahren funktionierte, ist zwar heute nicht schlechter geworden, aber warum nicht die modernen Errungenschaften nutzen? Gerade ungeübte Benutzer des Dutch-Ovens sollten auf Briketts, die sogenannten Grillis, zurückgreifen, da der Dutch-Oven recht sensibel auf Hitze reagiert. Ein beliebter Anfängerfehler ist es, den Ofen über und über mit Glut zu bepacken. Das Kochergebnis ist dann meist klein, schwarz und häßlich...

Die Größen der Dutch-Oven und die Anzahl der Portionen:

Oven-Größe	Inhalt	Portionen
5"	½ Liter	1-2
8"	2 Liter	2-4
10"	4 Liter	4-7
12"	6 Liter	12-14
12" tief	8 Liter	16-20
14"	8 Liter	16-20
14" tief	10 Liter	22-28
16"	12 Liter	22-28

8"

10"

12 "

12" tief

14"

14" tief

16"

Verschiedene Größen von Dutch-Oven

Was gibt es noch?

Natürlich reicht zum Kochen mit dem Dutch-Oven der Dutch-Oven selbst. Allerdings hat die Firma Lodge noch mancherlei nützliche „Helferlein" in ihrem Sortiment, die an dieser Stelle einmal kurz vorgestellt werden sollen.

Das wohl praktischste Beiwerk zum Dutch-Oven ist der Deckelheber. Sicherlich kann man sich auch einer Astgabel bedienen, aber gerade bei den größeren Töpfen ist der Deckel recht schwer. Im heißen Zustand merkt man dann schnell, daß er nur schwierig sicher vom Topf und wieder zurück zu bewegen ist, zumal wenn man mit der anderen Hand gerade die zubereitete Speise umrühren möchte. An der Querstrebe keilt sich auch der größte Dutch-Oven-Deckel sicher fest, so daß Sie ihn sicher und einfach vom Topf nehmen können. Besonders angenehm ist hierbei, daß der Deckel beim Abnehmen mit dem Deckelheber garantiert waagerecht bleibt. So ist sichergestellt, daß keine Kohlen in das Essen fallen. Durch seine Länge bleibt man weit genug vom heißen Topf und der Glut entfernt, so daß es nicht notwendig ist, zum bloßen „in-den-Topf-schauen" jedesmal hitzebeständige Handschuhe anzuziehen.

Deckelheber

Einige heben den Deckel mit dem Haken am Ende der Kelle an, was auch möglich ist, aber nicht so sicher. Wenn Sie schon improvisieren, dann nehmen Sie lieber einen Hammer, wie ihn die Dachdecker nutzen, mit einer Spitze. Dieser keilt sich unter dem Griff des Deckels fest und verhindert dadurch auch bei ungleichmäßiger Beladung der Kohlen, daß der Deckel umkippt.

Damit der Deckel des Dutch-Oven zu einer praktischen Pfanne zum Braten von Speck, Eiern, Pfannkuchen und anderer Leckereien wird, verwendet man am besten den Lodge Deckelständer. Er paßt für alle Größen des Dutch-Oven und kann durch seinen Faltmechanismus platzsparend untergebracht werden. Sicherlich können zum Abstellen des Deckels auch Steine oder Holzscheite verwendet werden, einen sicheren Stand des Deckels kann man so aber nur schwer erreichen. Schließlich wollen Sie beim Braten der saftigen Steaks nicht immerzu mit einer Hand den heißen Deckel festhalten, sondern möglichst beide Hände frei haben.

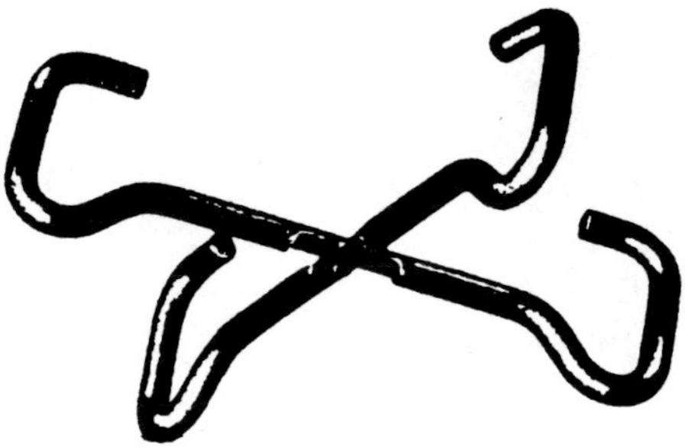

Deckelständer

Im Kapitel über die Pflege des Dutch-Oven haben Sie erfahren, daß er von Zeit zu Zeit innen und außen mit Speisefett eingefettet werden sollte, um ihn vor Umwelteinflüssen zu schützen und eine gewisse Geschmacksneutralität zu gewährleisten. Die bedeutet, daß der Dutch-Oven meist ein wenig fettig ist. Wie kann man ihn also am besten transportieren, ohne alle anderen Ausrüstungsgegenstände zu beschmutzen? Die Firma Lodge bietet hierfür für jede Topfgröße eine passende Tragetasche für den Dutch-Oven an. Diese sind aus strapazierfähigem Nylon und daher fast nicht kaputtzukriegen. Sie verfügen ferner über zwei ausreichend große Trageschlaufen, so daß auch große Dutch-Oven bequem über größere Entfernungen getragen werden können. Damit die Füße des Dutch-Oven weder die Tasche noch die anderen Ausrüstungsgegenstände beschädigen können, ist der Taschenboden mit einer Schaumgummi-Einlage abgepolstert. Beladen wird die Tasche durch einen großen Reißverschluß, der fast um den vollen Umfang der Tasche verläuft.

Tasche

Haben Sie sich schon einmal überlegt, wie Sie die Kohlen gezielt auf und unter dem Dutch-Oven plazieren wollen? Sie benötigen dafür auf jeden Fall eine Kohlenzange.

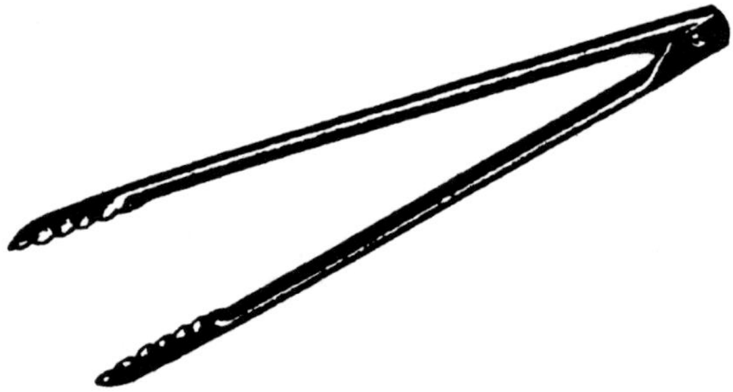

Kohlenzange

Diese sollte ausreichend lang sein, damit Sie genügend Abstand zur Glut wahren können, ferner leicht und mit einer Hand zu bedienen. Viele Dutch-Oven Köche versuchen es mit einer ausgedienten Grillzange. Dies funktioniert zwar, allerdings sollten Sie dann nur da kochen, wo ruhig einmal eine heiße Kohle auf den Boden fallen darf. Dies wird nämlich mit

Sicherheit passieren, wenn sie mit Grillbriketts kochen. Die kleinen runden Dinger lassen sich mit einer Grillzange, die ja nur über zwei Greifbügel verfügt, wirklich nur schwer erwischen. Viel einfacher ist dies mit der Lodge Kohlenzange. Sie ist aus rostfreiem Edelstahl und sehr leicht. Außerdem verfügt sie über regelrechte Greifschaufeln. So können auch die runden Grillbriketts sicher auf und unter dem Dutch-Oven deponiert werden. Durch den Federmechanismus am Gelenk der Zange ist der Umgang mit der Glut kinderleicht.

Beim Umgang mit dem Dutch-Oven sollten sie immer ein Paar hitzebeständige Handschuhe parat liegen haben. Den Deckel können Sie zwar mühelos mit dem Deckelheber bewegen, wenn Sie aber mit mehreren Töpfen gleichzeitig kochen und diese übereinanderstellen wollen, um Kohlen zu sparen, empfiehlt es sich schon, Handschuhe zu verwenden. Die Firma Lodge bietet in ihrem Sortiment sehr dicke Wildlederhandschuhe an. Diese halten auch die stärkste Hitze von Ihren Fingern fern und sind dabei doch so weich, daß Sie damit bequem auch kleinere Gegenstände greifen können. Auch eignen sich Schweißerhandschuhe, wie sie in Baumärkten zu kaufen sind. Bedenken Sie jedoch, daß die Isolation der Handschuhe nur so lange funktioniert, wie diese trocken und sauber sind. Sobald Wasser oder Öl an die Handschuhe kommt, wird die Hitze sofort in das Innere geleitet.

Handschuhe

Beachten Sie, daß Sie beim Kochen mit den Handschuhen nicht merken, wenn die Handschuhe brennen, bis es zu spät zum Ausziehen ist.

Um die Grillbriketts schnell und einfach anzuzünden, hat sich der Kohlenstarter in Kaminform bewährt. Dazu werden in den Kohlenstarter oben (auf den Rost) Kohlen hineingeschüttet. Zum Anzünden reichen ein oder zwei Blatt Zeitungspapier, die zerknüllt unten in den Kohlenstarter gelegt und angezündet werden. Schon nach zehn Minuten schlagen aus dem Kohlenstarter oben Flammen heraus und die Kohlen sind fast durchgeglüht. Dann kann man sie einfach einzeln mit der Kohlenzange entnehmen und zum Kochen benutzen.

Kohlenstarter – das perfekte Gerät zum Anzünden von Holzkohlebriketts.

Die Feuerstelle

Der Dutch-Oven ist gerade so konzipiert, daß Sie ihn überall dort benutzen können, wo offenes Feuer erlaubt ist. Selbst auf einem einfachen Gartengrill kann man den Dutch-Oven gut benutzen, solange dieser mit dem Gewicht des Topfes fertig wird. Man nimmt einfach das Grillgitter heraus und stelle den Topf in die Schale des Grills. Die Beine des Dutch-Ovens sind so hoch, daß die Kohle darunter paßt.

Eine Feldschmiede ist ein ideales Gerät zum Kochen mit dem Dutch-Oven.

Die Amerikaner überbieten sich bei einem Outdoor-Cooking-Event geradezu mit den unterschiedlichsten Erfindungen von Dutch-Oven-Kochstellen. Kurioses, Geniales und manchmal eine ganze Küche in Klappformat bekommt man bei diesen Treffen zu sehen. Aber eigentlich reicht eine kleine, ebene Fläche von 50 x 50 cm auf dem Boden.

Auf einer Feldschmiede ist genug Platz für bis zu drei Dutch-Oven nebeneinander.

Wer sich jedoch ungern bückt, der sollte sich einen wohligen Blick auf den amerikanischen „way of cooking" gönnen. Die Amerikaner bauen sich gern Grill-Tische mit Rädern zum leichteren Transport, an denen man aufrecht stehend mit dem Dutch-Oven werkeln kann. Die obere Stahlplatte sollte mindestens 5 mm stark sein. Dünneres Blech wellt sich leicht unter der Kohlenhitze. Unter der Grillplatte empfiehlt es sich, ein Gitterrost zur Ablage einzuziehen, welches dem Grilltisch zusätzliche Stabilität verleiht. Die Maße des Grilltisches richten sich nach der Anzahl von Töpfen, die man gleichzeitig beheizen möchte. Ein längerer Grilltisch, auf dem zwei oder drei Töpfe nebeneinander, ein Deckel als Pfanne und ein Grill beheizt werden können, ist natürlich äußerst attraktiv für Freunde von Gartenfesten mit vielen Gästen.

Doch auch auf einem kleineren Grilltisch kann man Speisen für erstaunlich viele Gäste zubereiten, da die Dutch-Oven Töpfe aufeinanderstehend beheizt werden können.

Die Oberhitze des unteren ist gleichzeitig die Unterhitze des oberen Dutch-Oven.

Auch die Benutzung eines Deckels als Pfanne ist denkbar einfach. Wer nicht über jenen bereits beschriebenen Deckelständer verfügt, der mag sich mit zwei bis drei Pflastersteinen behelfen, die im Halbrund aufgestellt so werden, daß man den Deckel auflegen kann.

Tip!

Wenn Sie Speck und Bratkartoffeln im Deckel braten möchten, dann sollten Sie die Kartoffeln in die Mitte legen und den Speck an den Rand. Das ausgelassene Fett läuft dann in die Mitte zu den Kartoffeln.

Der Deckel ist ideal zum Anbraten – hier Pfifferlinge.

Das Schöne an einem Dutch-Oven ist, daß die Saison nicht zu Beginn der herbstlichen Schlechwetterperiode endet. Zumindestens nicht für diejenigen, die über einen offenen Kamin verfügen. Was kann es Schöneres geben, als nach einem Spaziergang in scharfer Winterluft heimzukehren und aus dem Kamin steigt einem der Duft eines deftigen Eintopfes entgegen?

Sollten Sie eine Feuerstelle im Freien improvisieren oder beispielsweise bei einer Kanutour mit Ihrem Durch-Oven kochen, dann sollten Sie die Grasnarbe entfernen und zur Seite legen. Dann können Sie später die Grassode wieder auf die Feuerstelle legen und diese so tarnen. Beim Kochen auf dem Feuer gibt es einiges zu beachten: Zum ersten sollten Sie die Feuerstelle mit Steinen einfassen, um diese so zu begrenzen. Achten Sie aber darauf, daß einige Steinarten im Feuer explodieren können, besonders Feuerstein (Silex) und Steine, die lange Zeit im Wasser gelegen haben.

Weiterhin sollten Sie dafür sorgen, daß der Dutch-Oven auf flachen Steinen oder wirklich festem Boden steht. Andernfalls sinken die Beine im weichen Sand ein und der Dutch-Oven liegt genau auf den glühenden Kohlen auf. Diese werden dabei in den Sand gedrückt und gehen schlicht und einfach durch Sauerstoffmangel aus.

Um mit dem offenen Feuer richtig kochen zu können, benötigen Sie zusätzlich eine kleinen Schaufel, um Glut auf den Topfdeckel schaufeln zu können. Leider kommt dabei oftmals viel Sand mit auf den Deckel.

Hitzeregulierung

Eigentlich reguliert der Dutch-Oven die Hitze ja selber, indem er durch seine hohe Masse der ungleichmäßigen Hitze des Feuers die Spitze nimmt und ein gleichmäßiges Garen ermöglicht. Davon abgesehen muß man natürlich das Feuer oder die Glut so steuern, daß die Hitze an den richtigen Stellen ankommt.

Zunächst einiges vorweg: Ein hell loderndes Feuer ist zum Kochen viel zu heiß. Eine Flamme ist auch deswegen unpraktisch, weil die Töpfe dadurch verrußen und nur schlecht zu reinigen sind. Der Laie stellt sich immer vor, ein Topf müsse über einem lodernden Feuer an einer Kette hängen, und die Flammen schlagen über dem Topfdeckel fast zusammen. Das ist sicherlich beim Märchen vom Rumpelstielzchen so geschildert, aber mit Sicherheit ist es eines: unpraktisch. Stellen Sie sich nur einmal vor, Sie möchten den Deckel abnehmen, um in dem Topf zu rühren. Durch die Hitze neben dem Topf ist das eine äußerst unangenehme Aufgabe. Da ist es schon besser, über glühenden Kohlen zu arbeiten.

Inzwischen gibt es Grillbriketts, die zwar nicht sonderlich stilecht, dafür aber um so praktischer sind. Sie lassen sich mit einer Grillzange einfach anfassen und an genau die Stelle legen, an der die Hitze benötigt wird. Unter einem Dutch-Oven mit der Größe 10" genügen 10 Grillbriketts, um den Inhalt nicht nur zum Kochen zu bringen. Man kann sogar in Fett fritieren. Versuchen Sie zuerst einmal das Kochen mit diesen Grillbriketts und vertrauen Sie darauf, daß diese mehr als ausreichend Hitze liefern. Wenn Sie den Topf in ein loderndes Feuer stellen, verkohlt der Inhalt unweigerlich.

Selbstverständlich können Sie auch mit Glut vom Lagerfeuer kochen – das ist Hunderte von Jahren gut gegangen – aber dazu bedarf es einiger Erfahrung. Am einfachsten ist es, wenn Sie daumendicke trockene Hölzer zu einem Feuer schichten, anzünden und abbrennen lassen. Die verbleibende Glut ist ideal zum Kochen und Backen geeignet.

Wenn Sie vorhaben, den ganzen Topf über längere Zeit in einem Haufen Kohlen zu vergraben, um beispielsweise ein Bohnengericht morgens anzusetzen und am Abend zu essen, dann sollten Sie ruhig armdicke Scheite verfeuern. Diese dürfen aber erstens nicht mehr brennen, sondern nur noch glühen, zweitens nicht zu dicht an den Seitenwänden des Topfes liegen und auf keinen Fall unter dem Topf glühen, sondern nur auf dem Deckel des Topfes liegen. Außerdem muß das Gericht in dem Topf ausreichend feucht sein, um nicht gleich anzuhängen.

Beim Lagerfeuer stört oftmals der beißende Rauch, der sich aber mit trockenem Holz auf ein Minimum reduzieren läßt. Außerdem qualmen nur die Scheite, die eigentlich noch brennen wollen, bei denen aber der Wind die Flamme ausgeblasen hat. Legen Sie diese Scheite einfach zurück in das Lagerfeuer und blasen Sie gegebenenfalls die Scheite wieder zum Brennen an, sofort hört das Qualmen auf.

Eine gute Lösung für das Kochen am Lagerfeuer ist, in einem Feuer die Glut zu produzieren und kontinuierlich zum Kochen zu entnehmen. Das geht gut mit einer kleinen Gartenschaufel, mit einem Klappspaten erwischt man zu viel Sand, den man dann auf den Topfdeckel schaufelt.

In dem Feuer wird Glut erzeugt für den daneben stehenden Dutch-Oven.

Kocht man längere Zeit an einem festen Ort, dann sollte man sich eine kleine Herdstatt bauen, indem man einen kniehohen Wall aufschüttet, mit Holz abstützt und darauf das Kochfeuer unterhält. Man braucht sich dann nicht mehr so tief zu bücken.

Die eleganteste Lösung für das Kochen mit dem Dutch-Oven ist ein feuerfester Tisch. Ich benutze dafür eine Feldschmiede. Ebenfalls gut geeignet ist ein altes Backblech, das mit vier Backsteinen auf einen normalen Tisch gestellt wird.

Beim Kochen mit dem Dutch-Oven ist die Hitzeregulierung mit den Grillbriketts eine einfache Sache. Um als Anfänger einen Anhaltspunkt zu haben wird die Zahl, die auf dem Deckel steht, ganz einfach verdoppelt. Ein Dutch-Oven mit der Größe 10" benötigt somit 20 Kohlen, um auf eine ausreichende Temperatur zu kommen. Da bei einer gleichmäßigen Verteilung der Kohlen – in diesem Fallen zehn oben und zehn unten – die Hitze unter dem Topf zu stark und die Oberhitze zu schwach wäre, nimmt man drei Kohlen von unten weg und legt sie zusätzlich mit auf den Deckel.

Bei der Auswahl der Grillbriketts tun Sie sich einen Gefallen und kaufen Sie die echten „Grillis". Diese sind zwar teurer, dafür glimmen sie aber wie eine gute Zigarre, und hinterlassen nur weiße Asche. Grillis sind nur aus reiner, gemahlener Buchenholzkohle und Maisstärke hergestellt. Von den billigen Grillbriketts bleibt jedesmal eine Schaufel Dreck und Steine auf der Kochfläche zurück, außerdem sind unverkohlte Holzstücke darin verarbeitet, die lästig qualmen.

Wie Sie die richtige Kochtemperatur einstellen:

Sie können die Temperatur in Ihrem Dutch-Oven ganz einfach bestimmen, indem Sie zunächst mit Grillbriketts heizen.

Die Oberhitze läßt sich mit der Zahl der Grillbriketts wunderbar einfach steuern.

Die Menge der benötigten Grillbriketts entnehmen Sie ganz einfach der Tabelle. Die obere Zahl in jeder Spalte ist die benötigte Gesamtanzahl der Kohlen. Diese werden aber ungleichmäßig verteilt, es müssen wegen ausreichender Oberhitze mehr Kohlen auf den Deckel. In der unteren Reihe der Tabelle steht die erste Zahl für die Anzahl der Kohlen auf dem Deckel, die andere Zahl entspricht der Anzahl der Kohlen unter dem Dutch-Oven. Um beispielsweise mit einem 10"-Dutch-Oven 190 °C zu erreichen, müssen Sie von den benötigten 23 Kohlen 16 auf den Deckel und sieben unter den Ofen legen.

			Temperatur			
Größe	**160 °C**	**175 °C**	**190 °C**	**205 °C**	**220 °C**	**235 °C**
8"	15	16	17	18	19	20
	10/5	11/5	11/6	12/6	13/6	14/6
10"	19	21	23	25	27	29
	13/6	14/7	16/7	17/8	18/9	19/10
12"	23	25	27	29	31	33
	16/7	17/8	18/9	19/10	21/10	22/11
14"	30	32	34	36	38	40
	20/10	21/11	22/12	24/12	25/13	26/14
16"	34	36	38	40	42	44
	22/12	24/12	25/13	27/13	28/14	30/14

Die erste Zahl ist die Gesamtanzahl der Kohlen, in der unteren Reihe ist die erste Zahl die Anzahl der Kohlen auf dem Deckel, die zweite Zahl die Anzahl der Kohlen unter dem Dutch-Oven.

Tip!

Beim Anbraten von Speisen wie Gulasch oder Hackfleisch nehmen Sie immer nur kleine Mengen auf einmal, ansonsten kühlt der Dutch-Oven zu stark ab und das Fleisch wird gekocht und nicht gebraten.

Ein paar Tips zum Outdoor-Kochen

Kochen kann man mit dem Dutch-Oven überall. Aber es ist natürlich ein Unterschied, ob man auf der heimischen Terrasse brutzelt oder ob man einen Wandertag mit einem herzhaften Essen aus dem Dutch-Oven ausklingen lassen will – fernab jeglichen Küchenkomforts.

Es versteht sich von selbst, daß sich einige Gerichte besser für ein reines Outdoor-Event eignen als andere. Oftmals ist es ein kleiner Handgriff kurz vor der Fertigstellung eines Gerichtes, der einen zu mannigfaltigen Improvisationsversuchen und zur Verzweiflung treibt. So etwa, wenn das Rezept verlangt, das fertige Fleisch mit einer Schaumkelle in eine bereitstehende Schüssel umzuplazieren, weil die dazugehörige Soße kräftig mit einem Schneebesen geschlagen werden muß, damit es keine Klümpchen gibt.

Bevor nun vier Leute mit Taschenmessern das Fleisch aus dem Topf lesen um es in jemandes Mütze zwischenzulagern, sollte man sich die Rezepte vorher auf ihre Outdoor-Tauglichkeit hin ansehen.

Dutch-Oven Experten können natürlich jedes Gericht überall kochen, aber zuweilen bedarf es dazu besonderen Equipements, welches dann eben auch mitgeschleppt werden muß!

Bei einfachen Rezepten, die sich gut für das Kochen fernab jeglicher Zivilisation eignen, werden Sie einen entsprechenden Hinweis finden.

Ein Wort zu den Garzeiten...

Benutzt man für seinen Dutch-Oven die angegebene Zahl von Grillbriketts, so werden die Garzeiten recht genau mit den Angaben in diesem Buch übereinstimmen. Aber es sind viele Kleinigkeiten, die Einfluß auf die Garzeit haben könnten, daher sind alle Zeitangaben mit einem „ca." versehen.

Steht der Dutch-Oven ein wenig im Wind, kann dies die Garzeit bereits etwas verlängern.

Sehr schwierig wird es, wenn Dutch-Oven-Köche zum Essensduft den Geruch verbrennenden Holzes wünschen. Das Kochen auf dem Holzfeuer erfordert sehr viel Erfahrung, denn es ist zum Dutch-Oven-Cooking meist zu heiß und läßt sich nur schwer regulieren.

Beachten Sie, wenn Sie ein Rezept aus einem „normalen" Kochbuch ausprobieren möchten, daß sich die Garzeiten in einem Dutch-Oven deutlich verringern.

Tip!

Ein unverzichtbares Gerät ist ein Braten-Thermometer. Damit sieht man den Garzustand im Inneren.

Mit einem Braten-Thermometer kann man die in dem Braten erreichte Temperatur ermitteln.

Das Thema Flüssigkeit ...

Jeder Koch kennt das Problem des „Trockenkochens". Unbemerkt hat sich die Flüssigkeit im Topf verflüchtigt und der Schmorbraten ist unlösbar mit dem Topfboden verbacken. Natürlich muß man auch in einem Dutch-Oven den Flüssigkeitsgehalt hin und wieder kontrollieren. Doch das Problem des Anbackens stellt sich nicht ganz so stark, wie im Schmortopf auf dem Herd. Man gart ja in einem fest schließenden, schweren Topf. Die Flüssigkeit bleibt der Speise lang erhalten, ähnlich wie bei einem Römertopf. Das ist es auch, was einen Dutch-Oven Schmorbraten so saftig und zart macht.

Prinzipiell ist es gleich, ob Sie einen tiefen oder einen normalen Dutch-Oven verwenden. Allerdings sollten Sie beachten, daß bei einigen Gerichten, gerade beim Gratinieren, viel Oberhitze erforderlich ist. Dies läßt sich bei gleichem Volumen der Speisen in einem größeren, aber flachen Dutch-Oven besser realisieren, als in einem tiefen mit ähnlichem Fassungsvermögen, da die Kohlen auf dem Deckel dann näher bei den Speisen sind und damit mehr Oberhitze entsteht. Dies spielt teilweise auch beim Brotbacken eine Rolle. Ein flacheres Brot in einem flachen Dutch-Oven wird schneller und kontrollierter gar als ein dicker Teigklumpen in einem tiefen Dutch-Oven.

Viele hungrige Gäste

Gerade wenn man viele hungrige Mäuler zu stopfen hat, dann bewährt sich das, was ich aus den Erfahrungen bei der Bundeswehr oder auf der Jagd lernen konnte. Gerade um draußen viele Menschen schnell satt zu bekommen, ist der Dutch-Oven hervorragend geeignet.

Wenn also eine ganze Schlange ausgehungerter Menschen vor den Fleischtöpfen zu erwarten ist, dann sollte man sich das schon bei der Auswahl der Gerichte vor Augen führen. Um die Massen schnell und vor allem im Gelände abzufüttern, kann es sich nur um ein Gericht handeln, das man mit einer Gabel oder einem Löffel essen kann, denn mit der einen Hand muß man ja den Teller halten. Zum anderen muß das Essen schwer sein, heiß – und lange heiß bleiben –, und man muß das Fleisch sehen.

Nichts ist ärgerlicher, als wenn man richtig hungrig ist und als erstes einen grünen Salat auf den Teller bekommt. Kalt und leicht und ohne Fleisch – die ganze Stimmung ist hin!

Besser ist es, wenn der Gast mit einem tiefen Teller vor dem Dutch-Oven steht, einen ordentlichen Schlag fetter Erbsensuppe, Chili con Carne oder Stew auf den Teller bekommt. Er spürt sofort, wie der Teller schwerer und heißer wird, und er sieht das Fleisch. Dazu noch eine extra dicke Scheibe frisches Graubrot, und die Welt ist in Ordnung. Weil das Essen so heiß ist, kann er nicht schlingen, und das Sättigungsgefühl setzt früher ein. Und während er wartet, daß das Essen kälter wird, verputzt er ein Brot nach dem anderen.

Tip!

Die Gäste sollen die Serviette gefaltet unter den Teller legen, dann verbrennen sie sich nicht die Hand.

Einige Anhaltspunkte, um Portionen abzuschätzen:

Gehaltvolle Suppe oder Stew bei der Treibjagd oder nach einem ganzen Tag paddeln: Pro Person einen dreiviertel Liter (drei Suppenteller). Bei Fleisch 200 g pro Person, wenn Frauen mit dabei sind und es viele Beilagen gibt, bei Studenten oder ähnlichen Kalibern sind 300 g Frischgewicht nicht zu wenig, eher 400 g. Bei ganzen Tieren mit Knochen (Spanferkel, Hähnchen) pro Person 800 bis 1000 g Frischgewicht. Zum Vergleich: 100 g Mortadella sind 5 Scheiben.

Brot

Sauerteig

Eine der großen Möglichkeiten des Dutch-Ovens ist das Backen mit Sauerteig. Beim Sauerteig handelt es sich um sauer gewordenen Teig, also eine Wasser-Mehl-Mischung, die durch wilde, in der Luft vorkommende Hefepilze verschiedenster Herkunft vergoren wurde. Der Teig wirft Blasen und wächst, dabei riecht er sauer, wie eine Brauerei. Vor etlichen Jahren hat der Sauerteig mit dem Namen „Hermann" auf fast jeder deutschen Küchen-Fensterbank gewohnt. Inzwischen ist er aber wieder ein Geheimtip geworden. Die einfachste Möglichkeit ist, sich ein Stück Hermann vom Bäcker zu holen. Er wird grundsätzlich – wie bei Blumen-Ablegern auch – entweder verschenkt oder geklaut, aber nie bezahlt. Dann wächst er nämlich nicht. Und bedanken darf man sich dafür auch nicht!

Der Trick beim Backen mit Sauerteig ist, daß dieser vergorene Teig dem Gebäck Geschmack verleiht. Die Triebkraft der wilden Hefen ist eher bescheiden, so daß man dem Teig immer noch andere Triebmittel wie Backpulver oder Trockenhefe beimischen muß. Ein Brot nur aus Mehl, Zucker, Wasser und Salz, ggf. Backpulver oder Hefe, schmeckt immer leicht süßlich. Erst durch die Beigabe von Sauerteig wird das Brot herzhaft und bekömmlicher, auch hält es sich länger frisch.

Um den Sauerteig aufzuheben, darf man kein Kunststoff oder Metall nehmen, nur Glas und Steingut/Porzellan sind geeignet. Abgedeckt wird die Schüssel – die nie mehr als halbvoll gefüllt sein darf – mit einem sauberen Küchenhandtuch. Der Sauerteig sollte immer an einem warmen Ort stehen, dann allerdings muß er auch täglich oder jeden zweiten Tag benutzt werden. Besser hält er sich im Kühlschrank, wo man ihn nur einmal in der Woche mit neuem Mehl und Wasser füttern muß. Je nach Aktivität des Sauerteiges muß dieser täglich gefüttert werden. Nutzt man Sauerteig zum Backen, wird die entnommene Menge mit frischer Mischung ersetzt. Das Vorgehen ist ganz einfach: Erst nimmt man Sauerteig heraus, dann werden etwa vier Teile Mehl dazugestreut. Mit lauwarmem Wasser aus der Leitung wird der alte Teig und das frische Mehl direkt in der Schüssel zu einem neuen Ansatz verrührt. Bei der richtigen Temperatur (Zimmertemperatur) ist der Sauerteig am nächsten Tag schon fertig zur Verwendung. Am besten funktioniert Sauerteig aus Roggenmehl.

Tip!

Stellen Sie den frisch gefütterten Sauerteig in eine größere Schüssel. Falls er überläuft, ist die Sache schnell gereinigt.

Beim Brotbacken ist die Hitzeregulierung nicht ganz so einfach, denn das Brot isoliert durch den locker aufgegangenen Teig und die dort eingeschlossene Luft. Die Hitze dringt sehr schlecht bis in die Mitte des Brotlaibes vor, um dort den Teig durchzubacken. Noch schlechter ist es, den Dutch-Oven mit zu vielen Kohlen von unten zu heizen. Selbst bei der 14"-Größe reichen beim Brotbacken vier bis sechs Kohlen unter dem Topf völlig aus. Auf den Deckel kommen so viele Kohlen, wie locker draufpassen.

Brötchen aus Sauerteig – das ideale Gebäck für den Dutch-Oven

Cowboy-Sauerteig-Brötchen

Eher eine Art Keks, aber in Amerika ein Kult!

- ½ Tasse Sauerteig-Starter
- 1 Tasse Milch
- 2½ Tassen Mehl
- 1 Tl Backpulver
- ½ Tl Natron
- knapp 1 Tl Salz
- 1 El Zucker
- Butter

Zunächst den Sauerteig mit der Milch und einer Tasse Mehl verrühren und für rund 8 Stunden in einem warmen Raum gehen lassen. Dann das restliche Mehl mit den anderen Zutaten vermischt dazugeben und unter den Teig kneten.

Den Teig etwa fingerdick ausrollen und in gleichmäßige Quadrate schneiden. In dem Deckel des Dutch-Oven die Butter schmelzen und die Cowboy-Brötchen von beiden Seiten in der Butter wenden. Dann in den gefetteten Dutch-Oven setzen und eine halbe Stunde mit vier bis sechs Kohlen auf dem Deckel gehen lassen. Dann bei mittlerer Hitze etwa eine halbe Stunde backen.

Sauerteig-Pfannkuchen

Dieses ist das Nationalgericht der Amerikaner, es wird traditionell mit knusprig gebratenem Speck und Ahornsirup gegessen.

- 2 Tassen Sauerteigstarter (am Vortag gefüttert, schön blasig)
- 1 Tasse Weizenmehl
- 1 Tasse Wasser oder Milch
- 1 leicht geschlagenes Ei
- 2 Tl Öl
- 2 Tl Zucker
- Öl oder Pflanzenfett zum Backen

In einer Schüssel werden die Zutaten mit einer Gabel gut verschlagen und eine Stunde zur Seite an einen warmen Ort gestellt, bis der Teig schön blasig ist. Zum Backen wird der Teig löffelweise in den heißen Deckel mit der Butter gegeben. Kurz von einer Seite backen, dann wenden und von der anderen Seite auch braun backen. Die Pfannkuchen sind unvergleichlich locker und haben einen feinen Sauerteiggeschmack.

Dieses Rezept reicht für eine Menge Pfannkuchen, daher sollten Sie eventuell das Rezept halbieren, aber trotzdem das Ei beibehalten. Auf keinen Fall dürfen Sie den Teig zurück zum Sauerteig geben, der Teig würde sofort faulen, da schon Öl und Ei in dem Teig eingearbeitet sind. Wem der Geschmack zu sauer ist, der kann den Teig mit einem Teelöffel Natron geschmacklich abmildern.

Sauerteig-Roggenbrötchen

Sicherlich kann man im Dutch-Oven auch richtige Brote backen, der Einfachheit und Bequemlichkeit halber werden es aber meist Brötchen sein, die allerdings aus wesentlich herzhafterem Sauerteig hergestellt werden. Der Sauerteig für diese Brötchen wird ausschließlich mit Roggenmehl angesetzt, beim Backen kommt dann noch Weizenmehl dazu, um das Backverhalten positiv zu beeinflussen. Dieses Rezept ist eine Grundlage für die Ernährung der Trapper in Amerika.

- 2 Tassen Sauerteig
- 2 Tassen Roggenmehl
- 2 Tassen Weizenmehl
- 1 Beutel Trockenhefe
- 1 Tl Salz
- 1 Prise Zucker
- lauwarmes Wasser
- Mehl zum Ausrollen

- Alternativ 1 Beutel Backpulver und 1 Tl Natron statt der Hefe und des Zuckers

Vorweg den Sauerteig wiederbeleben: Dazu den Sauerteig (etwa zwei Tassen) aus dem Kühlschrank nehmen, in eine größere Schüssel umfüllen und zusammen mit den zwei Tassen Roggenmehl und lauwarmem Wasser einen dickflussigen Teig mischen. Über Nacht mit einem Tuch zugedeckt an einem warmen Ort stehen lassen.

Am nächsten Tag die Trockenhefe mit dem Weizenmehl, Salz und Zucker in einer Schüssel mischen, zwei Tassen Sauerteig vom Vortag dazugeben und mit Wasser (oder Buttermilch) zu einem Teig kneten, der nicht mehr an der Schüssel oder den Fingern klebt. Den Hefeteig zu einem Klumpen formen und in der Schüssel eine Stunde gehen lassen, bis sich die Menge verdoppelt hat. Wer statt der Hefe mit Backpulver arbeitet, der überspringt diese Schritt. Am Lagerfeuer wird der Teig in den Dutch-Oven gelegt und mit wenigen Kohlen auf dem Deckel eine Stunde gehen gelassen.

Roggenbrötchen, noch nicht aufgegangen.

Hat sich der Teig verdoppelt, dann wird er zu einer Rolle geknetet, aber nicht zu viel, damit man die Luftblasen nicht wieder entfernt. Mit dem Messer schneidet man den Teig in acht ziemlich gleichmäßig große Brötchen, die man ringförmig in den Dutch-Oven setzt. Die abgeschnittenen Teigteile dürfen nicht mehr geknetet werden, da diese bei Roggenmehl nur schlecht aufgehen. Sie werden mit reichlich Mehl in den Dutch-Oven gelegt und nochmals mit einigen Kohlen auf dem Deckel eine Stunde erwärmt, damit sie ein zweites Mal gehen können.

Zum Backen werden von den Kohlen ¼ bis ⅓ unter dem Dutch-Oven und der Rest auf dem Deckel verteilt. Nach 20 Minuten sollte man nachschauen, was die Brötchen machen.

Fertig gebackene Sauerteig-Roggenbrötchen, eher gehaltvoll wie Brot.

Hefe-Brötchen

Für den 10" Dutch-Oven, Zutaten für 10–12 Brötchen:

- 500 g Mehl
- 1 Würfel Hefe
- ⅛ Liter warmes Wasser
- etwas Öl
- Salz

nach dem ersten Gehenlassen als Beigabe:
- nach Belieben Speckwürfel, Röstzwiebeln, Sonnenblumenkerne, Gewürze (Kreuzkümmel, Sesam, Trockenkräuter…)

Die Zutaten für den Grundteig gut vermischen und verkneten, danach in einem Topf mit einem Handtuch abdecken und für eine halbe Stunde an einen zimmerwarmen Ort stellen, damit der Hefeteig aufgehen kann.

Erst jetzt die restlichen Zutaten, gut eignen sich Speck und Röstzwiebeln, unter den Teig arbeiten. Der so vorbereitete Teig wird in 10–12 gleiche Kugeln zerteilt, die einzeln mit etwas Mehl abgestäubt werden, damit sie beim Backen nicht zusammenkleben.

Jetzt die Teigkugeln in den Dutch-Oven auf Abstand legen und ab damit auf die Glut. Erfahrungsgemäß reichen 40–50 Minuten, wenn die Kohlen bereits gut durchgeglüht sind. Für die angestrebten 180°C benötigen Sie etwa 7 Kohlen unter dem Topf und 14 auf dem Deckel.

Ein letzter Tip zum Schluß: Wenn Sie etwa 10 Minuten vor Ende der Garzeit etwas geriebenen Käse auf die Brötchen geben, erhalten Sie Käse-Brötchen wie vom Bäcker.

Olivenbrot

Für etwa sechs Personen

Zutaten:

- 225 g Mehl (hell)
- 4 Eier
- 100 ml Olivenöl
- 100 ml Weißwein
- 1 Tl Salz
- 1 Tl Backpulver
- Knoblauch nach Geschmack
- 100 g Frischkäse
- 100 g gekochter Schinken
- 20 schwarze Oliven entsteint
- 20 grüne Oliven entsteint

Mehl, Eier, Salz, Olivenöl, Weißwein und Backpulver vermischen und zu einem geschmeidigen Teig verarbeiten. Käse und Schinken zerkleinern und unter den Teig mischen, Oliven halbieren und mit verarbeiten. Das Ganze zu einem oder zwei Fladen formen (nach Größe des Dutch-Oven) und in den mit Olivenöl gefetteten Dutch-Oven legen und etwa 30 Minuten backen.

Das Olivenbrot paßt hervorragend zu würzigen Fleischgerichten, Eintöpfen oder als kleinen Happen vorweg mit einem Glas gut gekühltem Retsina.

Brot mit Geling-Garantie

Für einen 12"-Dutch-Oven

Nehmen Sie eine Brotmischung Ihrer Wahl (sehr gut ist Ciabatta oder Roggenbrot mit Hefe geeignet), die meist in 500-Gramm-Packungen verkauft werden. Bereiten Sie eine Packung nach Anweisung zu und lassen Sie diese einmal in der Schüssel 30 Minuten aufgehen. Dann kneten Sie den Teig wenig mit bemehlten Händen auf einer bemehlten Unterlage (um die schon entwickelten Blasen im Teig nicht zu zerstören) und formen eine Rolle. Diese schneiden Sie mit dem Messer quer in zwei gleich lange Stücke, diese wieder jeweils in zwei und nochmals in zwei, so daß Sie acht annähernd gleich große Teigstücke erhalten. Diese werden zu Kugeln geformt, dabei wenig kneten.

Um den Dutch-Oven zum Backen vorzubereiten, fetten Sie den Boden und die Wand und bemehlen den Boden. Dann setzen Sie die erste Teigkugel in die Mitte und die anderen sieben in gleichmäßigem Abstand herum. Die Kugeln brauchen sich nicht zu berühren.

Um den Teig das zweite mal gehen zu lassen, setzen Sie den Deckel auf und legen Sie vier Kohlen auf den Deckel. Der Teig muß meistens noch weitere 30–40 Minuten gehen, und dabei sollten Sie den Deckel alle paar Minuten etwas drehen, um die Wärme – nicht Hitze – gleichmäßig abzustrahlen.

Um das Brot abzubacken, beheizen Sie den Dutch-Oven für 15 Minuten mit neun Kohlen von unten und 15 Kohlen auf dem Deckel. Dann werden vier der Kohlen von unten entfernt und oben auf den Deckel gelegt, um für weitere 15 Minuten zu backen. Danach müßte das Brot so weit sein, daß Sie die erste Backprobe versuchen können. Das Brot sollte eine goldgelbe bis dunkelbraune Oberfläche – je nach Sorte – aufweisen. Mit einer langen Gabel oder Stricknadel stechen Sie von oben bis auf den Boden des Dutch-Oven durch das Brot. Dabei erfühlt man die Dicke der Kruste, die Konsistenz des Teiges und die Dicke des Bodens, der leicht zum anbrennen neigt. Das Brot ist fertiggebacken, wenn Sie die Stricknadel wieder herausziehen und keine Teigstücke mehr daran kleben, und wenn man auf das Brot klopft, muß es sich hohl anhören.

Das fertige Brot läßt sich normalerweise leicht aus dem Dutch-Oven herausheben, und sollte auf einem Rost auskühlen.

Zwei Laibe Ciabatta aus einer Backmischung im 14"-Dutch-Oven gebacken.

Quiche

Für einen 14"-Dutch-Oven, für zwei Stück

Für den Teig:
- 500 g Mehl
- 1 Päckchen Trockenhefe
- 2 Tl Zucker
- 250 g Buttermilch
- 1 Tl Salz
- 50 g flüssige Butter

Für den Belag:
- 500 g Zwiebeln
- 500 g Lauch
- 500 g gekochter Schinken
- 100 g Butter
- 4 Becher Sahne-Dickmilch zu je 175 ml
- 5 Eier
- 50 g Mehl

Mehl in eine Schüssel geben, mit der Trockenhefe und dem Zucker vermischen, die lauwarme Buttermilch hinzugeben und durchmischen. In der Schüssel mit einem Tuch abdecken und 20 Minuten gehen lassen.

Da aus dem Teig zwei Quiche gebacken werden sollen, wird dieser jetzt geteilt und eine Hälfte davon im Kühlschrank eine halbe Stunde zwischengelagert. So ist der zweite Teig fertig, wenn die erst Quiche abgebacken ist.

Die erste Teigportion wird noch einmal durchgeknetet und muß eine halbe Stunde gehen.

In der Zwischenzeit wird der Belag vorbereitet: Zwiebeln und Lauch in feine Ringe, Schinken in feine Streifen schneiden. Im Dutch-Oven die Butter erhitzen und den Lauch mit den Zwiebeln und den Schinkenstreifen zusammen anbraten. Aus dem Dutch-Oven herausnehmen und in einer Schüssel würzen.

Die Sahne-Dickmilch mit den Eiern und dem Mehl verquirlen und mit Pfeffer und Salz abschmecken.

Den Teig dünn ausrollen und den gebutterten Dutch-Oven damit so auslegen, daß er mindestens einen Fingerbreit an dem Rand nach oben steht. Die eine Hälfte der Gemüsemischung gleichmäßig auf dem Teig verteilen und mit der Hälfte der Sahne-Dickmilch-Eiermischung begießen. Dabei darauf achten, daß die Flüssigkeit nicht unter den Teig läuft.

Tip!

Legen Sie vorher den Boden des Dutch-Oven mit Alufolie aus, die fast bis an den Rand steht, dann können Sie die Quiche leichter entfernen. Selbstverständlich muß die Alufolie dann gebuttert werden.

Tip!

Drehen Sie den Dutch-Oven um und stellen Sie den Deckel auf einen Deckelständer. Die Pizza oder die Quiche kommt auf den Deckel und der Dutch Oven wird kopfüber darübergestülpt. Auf den Boden vom Dutch-Oven und unter den vom Deckelständer hochgehaltenen Deckel kommen die Kohlen. So können Sie nach dem Backen die Pizza einfach vom Deckel heben und müssen diese nicht aus dem Topf angeln.

Im Dutch-Oven etwa 20 Minuten backen, dabei 10 Minuten mit 10 Kohlen unter und 18 Kohlen auf dem Topf und dann weitere 10 Minuten mit nur noch 5 Kohlen unter dem Topf, die dann zusätzlich auf den Deckel gelegt werden.

Wenn die erste Quiche gebacken wird, müssen Sie die zweite Teigportion aus dem Kühlschrank nehmen, damit er weiter aufgehen kann.

Bierbrot

Eine ganz einfache Art, Brot im Camp zu backen. Funktioniert in einem 8"-, 10"- oder 12"-Dutch-Oven. Bei einem 12"-Dutch-Oven legen Sie 15 Holzkohlebriketts auf den Deckel und acht Kohlen unter den Boden.

- 3 Tassen Mehl
- 1 Flasche Bier
- 1 Tl Backpulver
- 1 Tl Zucker
- ½ Tl Salz
- 1 Tl Zwiebelgranulat

Wer mag:
- ¼ Tl getrocknete Chilischoten
- ¼ Tl Knoblauchpulver

Die Zubereitung ist denkbar einfach: Alle trockenen Zutaten mischen, das Bier dazugießen, bis ein fester Teig entstanden ist, und dann mit dem Kneten aufhören. Das Backpulver startet mit der Arbeit, wenn es feucht wird. Je länger man knetet, desto mehr von dem Backpulver verflüchtigt sich.

Eine Kugel formen, einen Dutch Oven mit Olivenöl ausstreichen und mit Mehl bestäuben. Die Teigkugel in den Dutch-Oven legen und flachdrücken. Mit einem sehr scharfen Messer die Teigoberfläche kreuzweise einschneiden. Nach 20 bis 25 Minuten sollte das Brot gut sein. Die Oberfläche ist dann braun und das Brot klingt hohl, wenn man auf den Boden klopft.

Fleisch

Der Dutch-Oven ist besonders gut für Fleisch geeignet, da er durch den schweren Deckel das Fleisch im eigenen Dampf gart. Außerdem läßt sich das Fleisch im Dutch-Oven anbraten und danach gleich weiterschmoren.

Die einfachste Form ist, etwas Olivenöl im Dutch-Oven zu erhitzen und das Fleisch von allen Seiten anzubraten. Dann wird etwas Wasser, Brühe oder Wein angegossen, und das Fleisch schmort im eigenen Saft bei geschlossenem Deckel. Einige Zwiebeln, Sellerie- und Möhrenstücke sind als zusätzliche Geschmacksträger gut geeignet.

Um zu wissen, ob das Fleisch innen gar ist, nutzen Sie ein Braten-Thermometer. Dieses wird in das Fleisch eingestochen und zeigt die Kerntemperatur. Je nach Fleischart ist diese unterschiedlich hoch, um das Fleisch durchzugaren.

„Kalbshaxn"

Für vier Personen

- 1 Kalbshaxe (1.500 g) vom Schlachter in vier Scheiben sägen lassen
- 100 g Butterschmalz
- 3 Zwiebeln
- 2 gr. Tomaten
- 1 Möhre
- ¼ Sellerieknolle
- Knoblauch, 1 Zehe oder Pulver (nach Geschmack)
- ¼ Tl Rosmarin und Salbei
- Petersilie
- Zitronensaft
- 250 ml Fleischbrühe
- 125 ml Bier (dunkles Bier ergibt eine würzige Soße)
- Pfeffer und Salz

Die Haxenscheiben mit Salz und Pfeffer würzen. Diese in ausgelassenem Butterschmalz auf jeder Seite zehn Minuten anbraten. Das Gemüse würfeln, die Tomaten vorher überbrühen, damit die Haut entfernt werden kann. Geviertelte Dosentomaten sind ebenfalls geeignet.

Zerkleinerte Zwiebeln, Sellerie, Möhren, Tomaten und die in Salz zerdrückte Knoblauchzehe hinzufügen und unter stetigem Wenden mitdünsten.

Fleischbrühe und Bier hinzugießen. Rosmarin, Salbei, Petersilie und einen guten Spritzer Zitronensaft dazugeben, Deckel schließen und 50–60 Minuten mit Oberhitze schmoren lassen. Die Garzeit hängt ein wenig von der Dicke der Haxenscheiben ab. Auch sollten Sie regelmäßig kontrollieren, daß der Boden des Dutch-Ovens mit Flüssigkeit bedeckt ist, und gegebenenfalls etwas Brühe nachgießen.

Beilage: Frisches Weißbrot zum Stippen. Auf jeden Fall jedoch ein schönes, kühles Bockbier reichen.

Rheinischer Sauerbraten

- 1 kg Rindfleisch aus der Schulter (Original wäre aus Pferdefleisch)
- 50 g Butterschmalz
- ½ l Fleischbrühe
- 1 Tl Zucker
- 1 Tl Senf
- 1 Becher Schmand oder Crème fraîche
- 3 Tropfen Tabasco
- 1 Schuß Calvados
- etwas Schwarzbrot, am bestem Pumpernickel

Beize:

- ½ l Rotwein, nicht zu trocken
- ½ l Wasser
- 3 El Balsamicoessig
- Salz
- eine Handvoll Rosinen
- 1 Möhre
- 1 Zwiebel geviertelt
- 3 Nelken
- 3 Lorbeerblätter
- ¼ Sellerieknolle

Alle Zutaten für die Beize mischen und einmal aufkochen und abkühlen lassen. Der Sauerbraten wird 2–3 Tage in diese Beize gelegt.

Butterschmalz im Dutch-Oven auslassen und den mit Salz und Pfeffer gewürzten Braten darin von allen Seiten anbraten. Dann mit etwas Beize und den Einlagen der Beize, dem Pumpernickel und der Brühe auffüllen. Gut 70 Minuten schmoren lassen. Wenn der Braten gar ist, herausnehmen und auf dem Deckel warm stellen. Die Soße mit Salz, Pfeffer, Zucker, Senf, Tabasco, Calvados und vielleicht noch etwas Beize abschmecken. Den Becher Schmand einrühren und zum aufgeschnittenen Braten servieren.

Beilagen: Klöße, Kartoffeln, Muschelnudeln und ein schönes, kühles Bier.

Filetspitzen in Calvadosrahm

Für vier Personen

- vier mittlere Schweinefilets (eines pro Person)
- zwei kleine Äpfel
- Butterschmalz
- 1–2 Becher Schmand
- Pfeffer und Salz
- Calvados

Dieses Gericht ist einfach und schnell gemacht. Alle Zutaten können vorbereitet werden.

Schweinefilets in Streifen schneiden, mit Salz und Pfeffer würzen und gut anbraten. Die in Scheiben geschnittenen Äpfel dazugeben und kurz dünsten. Dann Schmand einrühren, mit Salz, Pfeffer und einem guten Schuß Calvados abschmecken und zu Klößen servieren.

Kalbsfrikassee im Pott

Für vier Portionen

- 750 g Kalbsfleisch (Brust oder Schulter)
- Butterschmalz zum Braten
- 1 Zwiebel
- Spargelstücke aus der Dose (etwa 400 g)
- 1 Möhre
- Petersilie
- Zitronensaft
- 125 ml Fleischbrühe (instant)
- 1 El Mehl

Das Fleisch in mundgerechte Würfel schneiden, mit Pfeffer und Salz würzen und im Butterschmalz anbraten. Gehackte Zwiebel, Möhre und Petersilie hinzufügen und einen Augenblick mitdünsten. Das Ganze mit einem guten Spritzer Zitronensaft abrunden. Das Mehl in die 125 ml

Brühe einrühren und zum Frikassee hinzugeben. Das Ganze etwa eine Stunde mit geschlossenem Deckel schmoren lassen, dabei immer wieder die Flüssigkeit kontrollieren und eventuell weitere Brühe hinzugeben. Am Ende der Schmorzeit den Spargel hinzufügen und mit erwärmen.

Dicke Rippe

- Dicke Rippe mit Knochen, ca. 500 g pro Person (Beim Schlachter gleich schneiden lassen)
- Fett zum Braten
- Barbecue-Soße aus der Flasche
- Honig zum Bestreichen

Ein hervorragendes und dabei einfaches Rezept ist das folgende. Persönlich mag ich die Spare-Ribs nicht, denn daran sitzt kaum Fleisch. Daher nehme ich dafür Dicke Rippe, die entlang der Rippen in Stücke geschnitten wird. Im Dutch-Oven in heißem Fett anbraten, mit Barbecue-Soße begießen und erst mal eine Stunde vor sich hinköcheln lassen. Dann, wenn die Soße schön sämig geworden ist, werden die Rippen mit Honig bestrichen und nochmals zehn Minuten mit reichlich Oberhitze gebräunt. Besitzen Sie einen zweiten Dutch Oven, müssen Sie dazu unbedingt frisches Brot backen.

Hirschbraten

für einen 8"- oder 10"-Dutch-Oven

- 1.500 g Hirschfleisch aus der Schulter (geht auch mit Rindfleisch)
- 2 Zwiebeln
- 2 Möhren
- 1 Chili-Schote
- Pfeffer und Salz
- Fett zum Braten

Das Fleisch wird gepfeffert und gesalzen im Dutch-Oven im heißen Fett von allen Seiten kräftig angebraten. Dazu kommen zwei gewürfelte Zwiebeln und eine Möhre, in grobe Stücke geschnitten. Wer es scharf mag kann noch eine kleine Chili-Schote dazugeben. Den Dutch-Oven mit Wasser auffüllen, bis das Fleisch zwei Finger hoch in der Flüssigkeit liegt. Deckel drauf und eineinhalb bis zwei Stunden schmoren. Vor dem Servieren kann man die Soße noch mit Mehl binden.

Lammtopf

Für vier Personen

- 800 g magere Lammschulter (oder sogar Filets)
- 5 El Olivenöl
- 3 Zwiebeln
- 1 zerdrückte Knoblauchzehe
- Petersilie
- Frischer Zitronensaft (oder trockener Weißwein)
- Etwas Paprikapulver (edelsüß)
- 1 Becher Schmand/Crème fraîche
- 125 ml Brühe
- Pfeffer und Salz

Das Lammfleisch in kleine Streifen schneiden und mit Pfeffer und Salz würzen. Fett sollte sorgfältig entfernt werden, da dies bei Lammfleisch immer einen unangenehm talgigen Geschmack hat. Die Lammschnetzel in Olivenöl anbraten und bräunen.

Zerkleinerte Zwiebeln und Knoblauch dazugeben und kurz mitdünsten. Mit Brühe, Zitronensaft (wahlweise auch trockenem Wein) und gehackter Petersilie etwa 20 Minuten schmoren. Dann einen Becher Schmand oder Crème fraîche einrühren und nochmals mit Salz, Pfeffer und etwas Paprikapulver abschmecken.

Beilagen: Folienkartoffeln, Pitabrot oder Olivenbrot.

Ungarisches Rehragout

Für vier Personen

Zutaten:
- 800 g Rehfleisch
- 250 g große weiße Bohnen
- 2 rote Paprikaschoten
- 2 Zwiebeln
- 1 Knoblauchzehe
- 100 g Speck
- Butter zum Braten
- Etwas Thymian und Petersilie
- 125 ml Brühe
- Crème fraîche
- Pfeffer und Salz

Weiße Bohnen über Nacht zum Quellen einweichen und im Quellwasser garkochen. Das gewürfelte Rehfleisch würzen und zusammen mit dem Speck anbraten. Gehackte Zwiebeln, Knoblauch, Thymian und die grob zerkleinerten Paprika hinzufügen und kurz dünsten. Dann mit Brühe aufgießen und etwa 30 Minuten köcheln lassen.

Zuletzt die vorbereiteten, abgetropften Bohnen untermischen und erwärmen. Vor dem Servieren mit ein paar Paprikastreifen und einem Klecks Crème fraîche garnieren.

Spießbraten

Dies ist ein sehr einfaches Rezept, das jedoch durch das äußerst delikate Ergebnis überzeugt. Wählen Sie den Dutch-Oven je nach Größe des Fleisches.

- Nackenbraten vom Schwein ohne Knochen, pro Person 300-400 g
- Zwiebeln in grobe Ringe geschnitten
- Spießbratengewürz
- Sonnenblumen- oder – noch besser – Olivenöl

Der Nackenbraten ohne Knochen wird in einer Paste aus Zwiebeln, Öl und Gewürzen eingelegt. Dazu nehmen Sie auf ein Kilo Fleisch 500 Gramm Zwiebeln. Das Öl wird mit dem fertig gekauften Spießbratengewürz vermischt, bis eine dünnflüssige Paste entsteht, die mit den Zwiebeln so lange vermischt wird, bis die einzelnen Zwiebelstücke reichlich benetzt sind. Mit der restlichen Flüssigkeit wird der Braten eingestrichen und noch zusätzlich in dem Gewürz gewendet, das an dem Fleisch kleben bleibt. Ein sehr dicker Braten sollte längs eingeschnitten werden, damit das Gewürz auch in die Mitte eindringen kann.

In einer Glasschüssel (Plastik kann sich verfärben!) wird eine Schicht Zwiebel-Öl-Gewürzmischung geschichtet, darauf der Braten gelegt und die restliche Zwiebelmasse auf dem Braten verteilt und gegebenenfalls in die Mitte des Schnittes (s.o.) gefüllt. Es ist von Vorteil, wenn die Schüssel so klein ist, daß fast kein Platz zwischen Braten und Schüsselwandung verbleibt.

So vorbereitet wird der Braten für einen Tag – zwei Tage schaden auch nicht – im Kühlschrank mariniert. Alle vier bis sechs Stunden sollte der Braten vorsichtig umgeschichtet werden, damit sich das Öl neu verteilt.

Zum Braten wird das Fleisch außen von den Zwiebeln befreit, im Schnitt können diese verbleiben, und im sehr heißen Dutch-Oven von beiden Seiten angebraten. Öl ist nicht notwendig, da das Fleisch noch genug Öl vom Marinieren enthält. Dann kommt die Zwiebeln-Öl-Gewürzmasse dazu und wird auch angebraten.

Bevor der Deckel aufgesetzt wird, muß man noch pro Kilogramm Fleisch eine Tasse Wasser angießen, da ansonsten der Braten anbrennen könnte.

Für das erste Kilogramm Fleisch wird eine Stunde benötigt, für das zweite Kilogramm 45 Minuten mehr, für jedes weitere Kilogramm jeweils 30 Minuten mehr. Ein drei Kilogramm schwerer Braten muß demnach zwei Stunden und 15 Minuten braten. Ein Braten sollte aber nicht schwerer als drei Kilogramm sein, daher ist es besser, zu große Braten zu teilen.

Zu Spießbraten passen die Soße mit den geschmorten Zwiebeln, Roggenbrötchen, Weißkrautsalat, Bier und Marschmusik.

Der gewürzte Spießbraten mit Zwiebeln in der Marinade.

Links der Spießbraten und rechts im tiefen 14"-Dutch-Oven die Roggenbrötchen.

Schmorlamm

- 500 g gewürfeltes Lammfleisch
- 8 Tassen Wasser
- 6 Tassen gehacktes Gemüse ihrer Wahl (z.B. Zwiebeln, Grüne Oliven, Tomaten, Zucchini...)
- 1-2 Tassen Rinderbrühe
- 4 Tl Worcester-Soße
- 1 Tasse Wildreis
- etwas Zitronenschale und evtl. etwas frische Minze
- 1 Lorbeerblatt
- Thymian, Oregano, Estragon
- Pfeffer und Salz

Lammfleisch, Wasser, Gemüse, Rinderbrühe, Kräuter und die Worcester-Soße in einen 12"-Dutch-Oven geben und das Ganze in dem Wasser aufkochen. Dann alles 1½-2 Stunden köcheln lassen bis das Fleisch zart ist. Den Reis hinzufügen und das Ganze zum Kochen bringen. Köcheln lassen, bis der Reis gar ist.

Schweinerollbraten mit Sonnenblumen-Kräuter-Füllung

- 2 kg Schweinenacken
- 200 g Sonnenblumenkerne
- je 1 Bund frische Petersilie und Majoran
- 3 Knoblauchzehen
- 100 g geriebener Parmesan
- ⅛ l Fleischbrühe
- 1 Zwiebel
- 1 Möhre
- Pfeffer und Salz

Die Knochen auslösen, wer es mag, kann sie später in der Soße mitziehen lassen. Fleisch waagerecht so tief einschneiden, daß man es auseinanderklappen kann. Rundherum mit Salz und Pfeffer einreiben. 125 g Sonnenblumenkerne, Kräuter und den geschälten Knoblauch im Mixer zerkleinern oder, wenn keiner zur Hand ist, grob zerstoßen. Mit dem Käse und etwas Brühe zu einer streichfähigen Paste mischen. Die Hälfte von der Paste auf dem Fleisch verteilen. Fleisch aufrollen und mit Garn zum Rollbraten binden.

Den Braten im Dutch-Oven rundum scharf anbraten, dann mit den Knochen, der restlichen Brühe, der geschälten Zwiebel und der Möhre bei 250°C bei reichlich Oberhitze 15 Minuten schmoren. Danach die Hitze reduzieren und etwa 90 Minuten weich garen. Gegen Ende der Garzeit die restlichen Sonnenblumenkerne auf dem umgedrehten Deckel des Dutch-Oven anrösten. Den Braten nun mit der restlichen Paste bestreichen, die gerösteten Kerne darüberstreuen und mit viel Oberhitze zehn Minuten überbacken.

Sie können zum Rollbraten Kartoffelklöße oder auch Brot und gemischten Salat reichen.

Lammragout

- 750 g Lammschulter
- 6 Knoblauchzehen
- 4 El Öl oder 50 g Butter
- 400 g Schalotten
- 2 Möhren
- 2 Stangen Staudensellerie
- 1 Zweig Rosmarin
- 1 Lobeerblatt
- Pfeffer und Salz
- 3/8 l heiße Fleischbrühe
- 2 Tl Ketchup
- 1/8 l Rotwein
- 1/2 Bund glatte Petersilie

Fleisch in walnußgroße Würfel schneiden. Öl im Dutch-Oven erhitzen, Fleisch darin bei großer Hitze von allen Seiten anbraten. Schalotten schälen und fein würfeln. Knoblauch pellen, fein hacken. Möhren schälen und würfeln. Im Deckel die Butter zerlassen, Schalotten, Knoblauch und Möhren drei Minuten darin andünsten, alles zum Fleisch geben. Staudensellerie putzen, in Ringe teilen, zusammen mit den Gewürzen, der Brühe und dem Ketchup ebenfalls zum Fleisch geben. Zugedeckt ca. eine Stunde schmoren lassen, ab und zu umrühren. Zehn Minuten vor Ende der Garzeit den Rotwein zugießen. Ragout abschmecken, Rosmarin und Lobeer entfernen. Petersilie waschen, trockentupfen, grob hacken. Zum Servieren die Petersilie über das Fleisch streuen.

Rehragout

- 1 kg Rehfleisch (Rippen, Hals oder Blatt)
- 1 Zwiebel
- 100 g Speckwürfel
- 2 El Preiselbeeren
- Frische Pfifferlinge
- Wildgewürz
- Pfeffer und Salz
- 250 ml Sahne

Das Fleisch in 2–3 cm große Würfel schneiden und zusammen mit dem Speck und den Gewürzen im Dutch-Oven anbraten. Wenn das Fleisch bereits braun wird, die Zwiebeln hinzufügen und leicht anbräunen. Das Ganze mit 150 ml Wasser oder Wildfond aus dem Glas auffüllen, Preiselbeeren zugeben und 45 Minuten mit Oberhitze schmoren. Die Pfifferlinge im Deckel in Kokosfett (wird sehr heiß!) anbraten und erst kurz vor dem Servieren zugeben.

Ab und an den Flüssigkeitsstand im Topf überprüfen und wenn nötig, nachgießen. Vor dem Servieren 250 ml Sahne hinzugeben, die angebratenen Pilze hinzufügen und kurz heiß werden lassen. Eventuell nochmals mit Salz, Pfeffer, Wildgewürz, Preiselbeeren und einem Schuß Cognac abschmecken.

Gefüllte Paprika für den Dutch-Oven

- 8 große, grüne Paprika (sollten schon in den Topf passen)
- 1 kg Hackfleisch
- 2 El Olivenöl
- 2 mittlere Zwiebeln, gehackt
- 2 Tl Salz
- 1 Tl Pfeffer
- ½ Tl Kreuzkümmel
- ½ Tl Oregano
- 1 Tl Knoblauchpulver
- einige Spritzer Worcester-Soße
- 1 Tasse Reis
- 2 Tassen pürierte Tomaten aus der Dose oder dem Tetrapak
- 1 Tasse Wasser

Schneiden Sie von den Paprika den Stiel-Ansatz weg, entfernen Sie die Saat und die weißen Scheidewände in der Mitte. Im Dutch-Oven wird zunächst der Reis gekocht. Das heißt, wir benötigen eine Tasse ungekochten Reis im gekochten Zustand für die Paprikaschoten, mehr Reis ist natürlich notwendig, um als Beilage zu dienen. Daher kochen Sie pro Person eine weitere Tasse Reis in dem Dutch-Oven. Sobald der Reis fertig ist, entfernen Sie ihn aus dem Dutch-Oven, und halten ihn warm. In dem Dutch-Oven wird in dem Olivenöl das Hackfleisch kräftig angebraten, hinzu kommen die feingehackten Zwiebeln. Die ganze Mischung wird kräftig abgeschmeckt mit 2 Tl Salz, 1 Tl Pfeffer, ½ Tl Cumin, ½ Tl Oregano, 1 Tl Knoblauchpulver, einige Spritzer Worcester-Soße. Dann füllen Sie etwa 2 Tassen vom nun gekochten Reis dazu. Diese Masse wird in die vorbereiteten Paprikaschoten eingefüllt. Die gefüllten Paprikaschoten kommen in den Dutch-Oven, dazu gießen Sie die 2 Tassen pürierte Tomaten mit der einen Tasse Wasser. Die Paprikaschoten benötigen etwa 1 Stunde bei 180°C.

Zum Servieren entfernen Sie die gefüllten Paprikaschoten aus dem Dutch-Oven und geben den bereits gekochten Reis dazu, um ihn in der Soße kurz zu erhitzen. Auf jeden Teller geben Sie eine der Paprikaschoten und dazu den Reis mit der Tomatensoße.

Kräftige Rehsuppe

Ein absolutes Muß für jeden Jäger! Mindestens einen tiefen 12"- oder einen tiefen 14"-Dutch-Oven

- Knochen von einem Reh
- Hals und Rippen vom Reh
- 3 große geviertelte Zwiebeln
- 1 kleiner Sellerie gewürfelt
- 1 Porreestange in Ringe geschnitten
- 3 Möhren in Stücke geschnitten
- 300 g Rippenspeck in grobe Würfel geschnitten
- 250 g Butterschmalz
- 1 Tube Tomatenmark
- 2 Lorbeerblätter
- Pfeffer und Salz
- Wer mag: Wacholder oder Knoblauch

Das Rezept verlangt nach den Knochen vom Reh, die sind aber natürlich nur dann zu bekommen, wenn man diese beim Zerwirken aufhebt. In den Knochen steckt das Mark, das viele Geschmacksstoffe und Fett enthält, und gerade darauf haben wir es bei diesem Rezept abgesehen. Das Vorgehen ist denkbar einfach: Der „Unterarm" und der „Unterschenkel" werden mit dem daran sitzenden „Haxenfleisch" abgeschnitten und auf einer Unterlage mit der Rückseite (Wichtig!) eines schweren Messers oder dem Küchenbeil angeschlagen. Das geht erstaunlich leicht und schneller als beim Sägen. Der ausgelöste Rückenknochen und die aus den Keulen und Blättern entfernten, angeschlagenen Knochen werden ebenfalls aufgehoben. Die Rippen werden nicht ausgelöst, sondern nur zu zweit oder zu dritt auseinadergeschnitten. Der Hals bleibt, wie er ist.

In den Dutch-Oven (geht auch in einem Bräter im Backofen!) kommen zuerst die Hälfte des Butterschmalzes, der Speckwürfel und des Wurzelgemüses, darauf die Knochen und das Fleisch, darüber der Rest des Gemüses mit dem Rest des Butterschmalzes. Mit so viel Kohlen auf dem Deckel wie draufpassen wird der Topf erhitzt. Nach einer Viertelstunde nachschauen, ob die Spitzen des Fleisches bereits verkohlt sind. Ab und zu die Fleischstücke umschichten, so daß diese gleichmäßig bräunen.

Wenn die Stücke schön braun sind, den Topf vorsichtig mit Wasser aufgießen, eine halbe Flasche Rotwein ist auch nicht schlecht, und mindestens zwei, besser drei Stunden kochen lassen, dabei verdampftes Wasser auffüllen.

Sind die Stücke so weich, daß das Fleisch von den Knochen fällt, wird die Suppe durch ein Sieb mit einem Tuch in ein anderes Gefäß gefüllt. Das ist unbedingt notwendig wegen der Knochensplitter. Die Knochen werden abgepult und das kleingeschnittene Fleisch als Suppeneinlage zurückgegeben.

Als Suppeneinlage eignen sich separat gekochte Nudeln, Reis, Eierstich, klein geschittene Möhren, Paprika oder Porree.

Wer mag, der kann auch die Brühe aus einer Tasse löffeln und das Fleisch dazu essen.

Gewürzt wir die Suppe erst kurz vor dem Auftragen mit Pfeffer und Salz – viel mehr ist nicht notwendig.

Rotes Pfefferfleisch

Ein Chili, das noch mild genug für Kinder ist.

- 750 g Kidneybohnen, über Nacht eingeweicht, oder 3 große Dosen
- 1,5 kg Rindfleisch (Gulaschfleisch), in kleine Würfel geschnitten
- 250 g Rippenspeck, in Würfel geschnitten
- 5 großen Zwiebeln, in Würfel geschnitten
- 5 grüne Paprikaschoten
- 5 Peperoni
- 3 große Dosen geschälte Tomaten
- Olivenöl zum Braten
- Chilipulver
- Pfeffer und Salz

Im Dutch-Oven die Speckwürfel und Zwiebeln anbraten. Im Deckel des Dutch-Oven portionsweise das Fleisch anbraten und in den Dutch-Oven umfüllen. Kidneybohnen mit Einweichwasser zum Fleisch geben, zudecken und mit wenig Hitze eine Stunde kochen lassen. Danach die gewürfelten Paprika und die in Ringe geschnittenen Peperoni zufügen Nochmals einen halbe Stunde kochen lassen. Dann werden die Tomaten zugefügt, indem man die Dosen öffnet und mit einem langen Messer die Tomaten in der Dose in Stücke schneidet. Das Pfefferfleisch mit Salz und Pfeffer sowie dem Chili pikant abschmecken.

Dazu paßt Weißbrot.

Geschmorte Lammschulter mit Rotwein

- 1 Lammschulter
- 6 Schalotten
- 4 Knoblauchzehen
- Olivenöl
- 1 Zweig Rosmarin
- 1 Zweig Thymian
- 150 ml trockener Rotwein
- 200 ml Lammfond
- Pfeffer und Salz
- 1 Tl Mehl
- 1 Tl Butter

Schalotten pellen und halbieren, Knoblauch pellen. Lammschulter im Dutch-Oven in Olivenöl rundherum kräftig anbraten und anschließend aus dem Topf nehmen. Schalotten und Knoblauch andünsten, Rosmarin und Thymian hinzugeben und mit Rotwein und Lammfond aufgießen.

Schulter jetzt erst salzen und pfeffern, dann in den Dutch-Oven geben und ca. 45 Minuten bei 150°C schmoren. Gewürzzweige herausnehmen, Schalotten und Knoblauch zerdrücken oder, wenn möglich, passieren. Butter und Mehl mischen, Lammschulter kurz zur Seite legen und mit der Mehlbutter die Soße abbinden. Anschließend die Schulter noch ca. 2 Minuten mitziehen lassen.

Dazu passen Rosmarinkartoffeln oder Brot.

Potjiekos

Ein traditionelles Gericht aus Deutsch-Südwest, das oft im Sommer am Strand zubereitet wird.

- Fleisch (auch einfache, billige Stücke sind gut geeignet, Lamm, Rind, Wild, Schwein...)
- Gemüse der Saison (Kartoffeln, Bohnen, Mais, Zwiebeln, Zucchini, Tomaten, Paprika...)
- Öl zum Braten
- reichlich Rotwein
- Pfeffer und Salz
- Gewürze nach Geschmack (Curry, Chili, Koriander...)

Dieses Gericht ist sehr einfach zu machen, erfordert aber eine lange Kochzeit von wenigstens vier Stunden. Braten Sie das in gulaschgroße Würfel geschnittene Fleisch in dem Öl braun an. Schichten Sie darüber das kleingeschnittene Gemüse lagenweise in den Dutch-Oven und würzen Sie jede Lage mit Pfeffer, Salz und den Gewürzen. Die oberste Lage sollten Kartoffeln sein. Füllen Sie den Topf mit dem Rotwein auf und lassen Sie das Gericht mit ganz wenigen Kohlen unter dem Topf simmern.

Ab und zu sollten Sie in den Topf schauen – nicht weil es hilft, sondern weil es Ihren Gästen die Illusion verleiht, Sie wüßten, was Sie da tun. Sollte zu viel Wein verdampft sein, dann füllen Sie einfach nach.

Die Zeit bis zum Essen vertreiben Sie sich mit dem restlichen Rotwein. Zu dem Gericht paßt Reis oder Weißbrot.

Geflügel

Vogel mit Gemüse

Ein recht einfaches Gericht und wie geschaffen für den Dutch-Oven. Je nach Größe des Topfes und Hunger ein oder mehrere Brathähnchen (1.200 g) oder Fasane oder Tauben oder, oder...

Pro Hähnchen kommen in den Topf:

- zwei geviertelte Zwiebeln
- eine Paprikaschote in Streifen
- zwei Kartoffeln in kleinen Stücken

Wer mag einen Maiskolben oder entsprechend Maiskörner aus der Dose, weiterhin jedes Gemüse, das man zur Hand hat. Bei diesem Gericht kommt es nicht so sehr auf die genauen Mengenverhältnisse an.

Den Vogel innen und außen salzen und pfeffern, ggfs. mit Hähnchengewürz bestreuen. In den Dutch-Oven Olivenöl gießen, daß der Boden bedeckt ist, etwas Wasser angießen, wenn die Gemüse sehr trocken sind, die Vögel auf dem Rücken in den Topf legen und das Gemüse dazugeben. Alles salzen und pfeffern, wer mag legt noch einige Chilischoten dazu.

Der Dutch-Oven wird mit reichlich Oberhitze eine bis eineinhalb Stunden sich selbst überlassen. Sehr gut kann man das Gericht auch in der heißen Gut vergessen, wichtig ist dann, daß genug Flüssigkeit in dem Topf steht, damit nichts anbrennt. Der Vogel wird zwar nicht knusprig, aber dafür wunderbar zart und saftig.

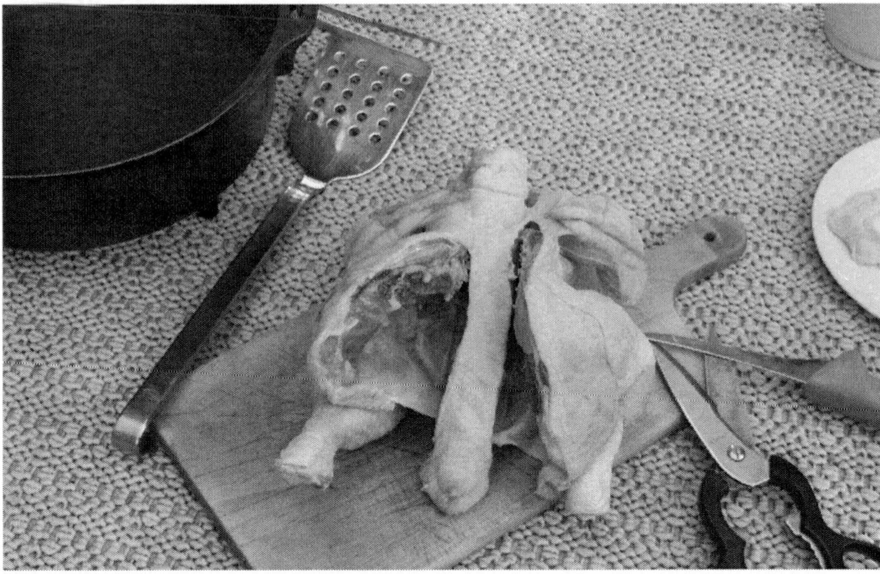

Der Vogel liegt auf der Brust und das Rückgrat wird herausgetrennt.

So kann man den Vogel flach auf den Rücken legen.

Mit Gemüse umlegt brät man den Vogel, bis er gar ist.

Das fertige Ergebnis auf dem Teller.

Das Rezept mit drei Brathähnchen in einem 14"-Dtuch-Oven.

Topf-Tauben

- Zwei Tauben
- 1 altbackenes Brötchen
- 1 Tasse Milch
- 1 gr. Zwiebel
- 1 Möhre
- Petersilie
- 1 Ei
- 100 g Butter
- 300 g Champignons
- ⅛ l Brühe
- ⅛ l Weißwein
- 100 ml Schlagsahne
- Pfeffer und Salz

Die Tauben ausnehmen, waschen, trockentupfen und außen wie innen mit Salz und Pfeffer würzen. Zwiebel, Möhre und Petersilie fein zerkleinern und in der Butter im Deckel einige Minuten andünsten.

Das in Milch aufgeweichte Brötchen gut ausdrücken und zusammen mit einem Ei, Salz, Pfeffer und mit dem abgekühlen Gemüse zu einer festen Masse verkneten. Die Tauben werden mit dieser Masse gefüllt, zugebunden und mit der Brust nach oben in den Dutch-Oven gelegt. Brühe, Weißwein und Butterflöckchen sowie die in Scheiben geschnittenen Champignons hinzugeben und etwa 60 Minuten mit geschlossenem Deckel und Oberhitze schmoren lassen. Dabei immer wieder die Flüssig keit überprüfen und gegebenenfalls etwas Brühe nachgießen.

Die fertigen Tauben herausnehmen und zum Servieren halbieren. Den Fond im Topf mit der Sahne aufgießen und nochmals abschmecken.

Beilagen: Bandnudeln, Klöße oder Folienkartoffeln, Sie können auch Kartoffeln in groben Stücken im Topf mitgaren.

Wildentenbraten

- 1-2 Wildenten (je nach Größe, lieber zwei kleinere)
- 100 g Speckstreifen
- 2 Zwiebeln
- 6-8 Wacholderbeeren (gestoßen)
- 2 Blatt Salbei
- Saure Sahne oder Rotwein
- Pfeffer und Salz
- Fett
- Mehl zum Andicken der Soße

Die Wildenten sind in der Zeit von August bis Ende Januar am besten. Zuerst rupfen, dann einige Zeit hängen lassen – oder Sie nehmen fertig vorbereitete Tiere. Achten Sie unbedingt darauf, daß die Talgdrüse am Schwanz entfernt ist, ansonsten schmeckt die Ente später tranig. Reiben Sie jetzt das Tier von innen mit Salz, geriebener Zwiebel, gestoßenen Wacholderbeeren und Salbei ein. Bestreichen Sie die Ente nun mit Fett und belegen Sie die Keulen und die Brust mit Speckstreifen. Sie sollten jetzt die Keulen und Flügel am Körper befestigen. Dazu können Sie Garn oder kleine Spieße aus Holz oder Metall verwenden. Jetzt geht es ab in den Dutch-Oven. Braten Sie hierbei die Ente auf der Brustseite zunächst kräftig an, dann gießen Sie etwas Wasser oder Rotwein dazu und lassen sie dann zugedeckt mit Oberhitze ca. 90 Minuten garen. Von Zeit zu Zeit empfiehlt es sich, die Ente mit dem Bratensud zu übergießen. Am Ende der Garzeit nehmen Sie den Dutch-Oven aus der Glut – entfernen Sie auch die Kohlen vom Deckel – und lassen Ihr Fleisch noch ungefähr 15 Minuten im heißen Topf nachziehen. Nun können Sie die Soße mit Rotwein oder saurer Sahne abschmecken und mit etwas Mehl binden.

Als Beilagen empfehlen sich ganz klassisch Rotkohl und Kartoffeln. Beim Kochen mit dem Dutch-Oven können Sie sehr gut Folienkartoffeln zu Ente reichen – diese garen Sie einfach bequem mit der Glut neben dem Topf. Den Rotkohl können Sie in einem zweiten kleineren Dutch-Oven zubereiten. Um Kohlen und Platz zu sparen, stellen Sie diesen einfach auf den Deckel des „Enten-Topfes".

Ente im Wirsingbett

Ente und Wirsing passen gut zusammen – wie Gans und Rotkohl.

- 2 Enten
- 200 g durchwachsener Speck
- 1 großen Wirsingkopf (ca. 1.200 g)
- 2 Möhren
- 2 Zwiebeln
- Muskat
- Butterschmalz
- Schmand
- Pfeffer und Salz

Die küchenfertigen Enten bis auf die Keulen und Flügel entbeinen und vierteln, so daß acht Stücke entstehen, aus denen jeweils ein Bein oder ein Flügel hochsteht. Die Entenstücke mit Salz und Pfeffer würzen, in zerlassenes Butterschmalz legen und bei Ober- und Unterhitze etwa eine halbe Stunde garen.

In der Zwischenzeit wird der Wirsing vorbereitet. Man entfernt Außenblätter und Strünke und schneidet den Wirsing in Streifen. Die in Scheiben geschnittenen Möhren und der Wirsing müssen nun kurz in Salzwasser aufgekocht werden. Das können Sie schon zuhause vorbereiten, wenn Sie die Enten draußen zubereiten.

Die Entenstücke werden aus dem Dutch-Oven genommen und warm gestellt. Nun werden Zwiebelringe und Speckstücken im Dutch-Oven angebraten. Wirsing und Möhren hinzugeben, mit Salz, Pfeffer und einer guten Prise Muskat abwürzen, die Entenstücke darauflegen und in knapp 30 Minuten im geschlossenen Topf mit wenig Unter- und viel Oberhitze fertiggaren.

Es entsteht einiges an Fett, welches man vor dem Servieren abgießen oder abschöpfen kann. Vor dem Servieren kann man ein paar Kleckse Schmand auf dem Gemüse verteilen.

Beilagen: Folienkartoffel und einen schönen trockenen Weißwein.

Gans auf Rotkohl

Dieses Rezept eignet sich hervorragend für die Verwendung einer Gans mit einigen tausend Flugstunden. Diese Vögel sind naturgemäß etwas fettiger, was dem Rotkohl auch ganz gut bekommt. Zudem ist dieses Rezept sehr einfach zuzubereiten.

- 1 Wild- oder Hausgans (Größe nach dem Dutch-Oven wählen)
- 1 Tasse Speckwürfel
- 1 Tasse Zwiebelwürfel
- etwas Schmalz
- 2 Dosen Rotkohl
- 1 säuerlicher Apfel
- Nelkenpulver oder Nelken (bei Pulver beißt man nicht auf die Nelke, was sehr unangenehm schmeckt)
- Rosmarin
- einige Wacholderbeeren
- Pfeffer und Salz

In dem Schmalz zuerst die Speckwürfel auslassen und dann die Zwiebelwürfel glasig dünsten. Den Rotkohl und den in kleine Stücke geschnittenen Apfel dazugeben, mit Rosmarin, Wacholder, Nelken, Pfeffer und Salz würzen und alles mit einigen Kohlen unter dem Topf köcheln lassen.

In der Zwischenzeit den Deckel umdrehen, auf den Deckelständer stellen und mit Kohlen aufheizen. Reichlich Schmalz heiß werden lassen und die gepfefferte und gesalzene Gans darin anbraten. Sollte die Gans zu hoch sein, um in den Dutch-Oven zu passen, schneiden Sie den Rücken rechts und links des Rückgrates heraus, dann brechen Sie noch das Gabelbein in der Halsgrube – der englische „Wishbone“ – und Sie können den Vogel flachlegen.

Hat der Vogel rundum schön Farbe genommen, dann legen Sie ihn mit der Brust nach oben auf den Rotkohl. So können Sie die Gans und den Rotkohl zusammen mindestens zwei Stunden garen. Das Fett, das aus dem Vogel ausbrät, verleiht dem Rotkohl seinen unnachahmlichen Geschmack. Sollte noch Platz im Topf sein, können Sie eine halbe Stunde vor Ende der Garzeit Kartoffelscheiben dazulegen. So erhalten Sie eine komplette Mahlzeit aus nur einem Topf.

Hähnchenbrust mit Pilzen

Ein einfaches Gericht für einen 10"-Dutch-Oven

- drei Hähnchenbrüste mit Knochen
- 200 g Pilze, gerne frische Pfifferlinge
- 200 g Speckwürfel
- 2 Zwiebeln, gewürfelt
- Pfeffer und Salz
- Fett zum Braten

Die Hähnchenbrüste mit Knochen und Haut werden zunächst gesalzen und gepfeffert und mit der Hautseite in heißem Fett im Deckel kräftig angebraten und dann mit der Hautseite nach oben in den Dutch-Oven gelegt. Dazu werden die Speckwürfel und Zwiebeln angebraten und in den Dutch-Oven gegeben. Mit einer Dose Champignons oder – ganz edel – 200 g frischen, angebratenen Pfifferlingen auffüllen und zugedeckt eine halbe Stunde kochen lassen. Die Hähnchenbrüste sind gar, wenn sich das Fleisch mit einer Gabel leicht von den Knochen lösen läßt.

Sollten Sie frische Pilze verwenden, dann müssen Sie diese immer extra in heißem Fett im Deckel anbraten – nur so entfalten sie das volle Aroma.

Hähnchenbrust mit Sahnesoße

Für einen 12"-Dutch-Oven

- 10-12 Hähnchenbrustfilets
- 500 g frische Champignons
- 500 g Zwiebeln in Scheiben
- 2 Becher Sahne
- 2 Becher Schmand
- ½ Tl Salz
- 1 Tl Curry
- 1 Tl Paprikapulver
- Pfeffer und Salz
- Butterschmalz zum Braten

In dem Deckel des Dutch-Oven nach und nach die Hähnchenbrüste ohne Haut (es gehen auch Schweine- oder Putenschnitzel) anbraten. Gleichzeitig im Dutch-Oven die Zwiebeln und die geputzten und in Scheiben geschnittenen Champignons anbraten. Sind alle Brüste angebraten, werden diese in den Dutch-Oven gelegt und dort gesalzen und gepfeffert.

Die Brüste im Deckel anbraten.

Die angebratenen Brüste zu den Pilzen und Zwiebeln geben.

Mit der Sahne/Schmand-Mischung auffüllen und eine Stunde mit viel Oberhitze backen.

In einer großen Schüssel werden die beiden Becher Sahne und Schmand mit den restlichen Gewürzen verrührt. Die Masse wird über die Hähnchenbrüste gegeben und der Dutch-Oven auf die Kohlen gestellt. Die erste Stunde nur mit wenigen Kohlen (sechs bis acht Stück) von unten heizen, bis das Fleisch weich ist. Dann eine halbe bis eine Stunde mit reichlich Oberhitze (18-20 Kohlen) die Brüste bräunen.

Als Beilage eignet sich Reis oder Brot, als Getränk ein leichter Sommerwein oder ein Rosé, selbstverständlich auch ein Bier.

Chicken-Wings

- 2 kg Chicken-Wings (Hähnchenflügel)
- ½ Tasse Olivenöl
- 20-40 ganze, ungeschälte Knoblauchzehen (je nach Geschmack)
- ½ Tl Salz
- ½ Tl Pfeffer
- ½ Tl Rosmarin
- ½ Tl Thymian
- ½ Tl Oregano.

Die Chicken-Wings werden dicht an dicht in den Boden eines Dutch-Oven geschichtet. Die restlichen Zutaten in einer Schüssel vermischen und über die Chicken-Wings gießen. Zugedeckt mindestens eine Stunde braten. Ideal als Appetitanreger zusammen mit frischem Brot, das in die Olivenöl-Knoblauch-Mischung getunkt wird.

Cock au vin

Dieses Rezept ist ein Muß für die Freunde der Französischen Küche. Voraussetzung ist viel Zeit, guter Wein und ein gutes Huhn.

- 2 kleine Hähnchen (à 800 g) oder einen große Pourlade von knapp 2 kg
- 5 Möhren, gewürfelt
- 5 Zwiebeln, in grobe Würfel geschnitten
- 250 g Champignons, frisch oder tiefgefroren
- 100 g gewürfelter Rippenspeck
- 1 Flasche Beaujolais
- 1 Glas Weinbrand
- Mehl
- Butterschmalz zum Anbraten
- 1 Zweig Thymian
- 1 Lorbeerblatt
- Pfeffer und Salz

Das Hähnchen in Portionen teilen, dabei die Haut entfernen. Das Fleisch waschen und trockentupfen.

Den Wein im offenen Dutch-Oven zum Kochen bringen, er soll auf die Hälfte einreduzieren. In der Zwischenzeit das Fleisch mit Salz und Pfeffer würzen und in Mehl wälzen. Im Deckel des Dutch-Oven Butterschmalz erhitzen, das Fleisch rundherum anbraten und in den Dutch-Oven überführen. Den Speck, die Möhren und die Zwiebeln nach und nach bei kleiner Hitze im Deckel anbraten und auch in den Dutch-Oven geben. Gewürze und den Weinbrand hinzugeben, den Deckel schließen und für eine Stunde schmoren lassen. Der Trick bei diesem Gericht ist es, möglichst lange und bei möglichst niedriger Temperatur zu schmoren.

Nach der Garzeit die frischen Champignons im Deckel mit Butterschmalz anbraten und auch in den Topf geben, dort noch fünf Minuten mitschmoren, dann kann das Gericht serviert werden. Dazu paßt Baguette und der Wein, der auch beim Kochen Verwendung fand.

Knoblauch-Huhn

Ein Rezept für Knoblauch-Fanatiker

- 1 Pourlade von etwa 2 kg
- 2-4 Knollen (sic!) Knoblauch
- Olivenöl
- 250 ml Weißwein
- Pfeffer und Salz
- Cayennepfeffer
- Frische Kräuter der Provence (Rosmarin, Thymian etc.)

Die Pourlade in Portionen zerlegen, waschen, trockentupfen, mit Olivenöl bepinseln und mit Salz, Pfeffer und Cayennepfeffer würzen. Im geölten Dutch-Oven mit viel Hitze rundum goldbraun anbraten. Die ungeschälten Knoblauchzehen und die Kräuter dazugeben, mit dem Wein auffüllen und mit geschlossenem Deckel so lange schmoren, bis das Fleisch von den Knochen fällt. Zum Essen werden die Knoblauchstücke aus der Schale gedrückt und auf geröstetem Weißbrot verstrichen. Darauf kommt das ausgelöste Hühnerfleisch.

Eintopfgerichte und Stews

Brunswic-Stew

Für vier bis sechs Personen

- 500 g Rindfleisch
- 500 g Schweinefleisch
- Kartoffeln
- 1 Dose geschälte Tomaten
- 5 Zwiebeln
- 3 rote Paprikasschoten
- 2 Tl Paprikapulver (edelsüß oder scharf, je nach Geschmack)
- 1 Tl Kümmel (ganze Körner oder gemahlenen Kümmel)
- 1 Tl Thymian
- ¼ Tl Majoran
- ½ Tl grüne Pfefferkörner
- 3-4 Wacholderbeeren
- Pfeffer und Salz
- 1 Brühwürfel
- 1 Dose Champignons
- Öl
- 1 Schuß Rotwein

Das Fleisch in gleichgroße Stückchen würfeln und in Öl anbraten. Mit Salz, Pfeffer, grünen Pfefferkörnern, Paprikapulver, Kümmel, Thymian und Majoran würzen.

Kleingeschnittene Paprika, Zwiebelringe, Tomaten, Wacholderbeeren und Brühwürfel hinzufügen. Alles unter ständigem Rühren anschwitzen, mit 2 l Wasser auffüllen und ca. 45 Minuten köcheln lassen. Dann gewürfelte Kartoffeln dazugeben und weitere 30 Minuten köcheln lassen. Zuletzt die Pilze hinzugeben und mit einem Schuß Rotwein abschmecken.

Pfundstopf

Dieses Gericht gibt es in verschiedenen Abwandlungen, es hat aber einen großen Vorteil gegenüber den anderen Gulasch-Gerichten: Das Fleisch wird nicht angebraten. Vielmehr werden alle Zutaten in einen Topf geschichtet und dann wird gekocht.

Zutaten für 10 Personen und einen 14"- oder tiefen 12"-Dutch-Oven

- 1 Pfund Kasselernacken
- 1 Pfund Hackfleisch
- 1 Pfund Rindergulasch (Falsches Filet ist gut)
- 1 Pfund Schweineschnitzelfleisch
- 1 Pfund Zwiebeln
- 1 große Dose Tomaten
- 3 Paprikaschoten
- 3 Becher Sahne
- 1 Flasche Chili-Soße
- 2 Tl Paprika und wer mag auch Knoblauch
- Pfeffer und Salz

Die Zutaten für den Pfundstopf werden nur zusammengemischt.

Alle Zutaten werden kleingeschnitten und in den Topf gegeben, die Tomaten mit dem Saft aus der Dose. Aus dem Hackfleisch werden gut kirschgroße Klöße geformt und auch mit in den Topf gegeben. Dann die Chilisoße, die Sahne und die Gewürze dazutun und alles vorsichtig durchmischen.

Zunächst mit einige Kohlen unter dem Topf anheizen und zum Schluß mit viel Oberhitze (dann brennt nichts an!) weiterkochen. Das Gericht verträgt durchaus einen zweite Ladung frischer Kohlen, wenn die erst Beladung verglüht ist, dann hat das Gericht rund drei Stunden im Topf zugebracht und das Fleisch ist so mürbe wie die Klöße. Gegebenenfalls muß man zwischendurch etwas Flüssigkeit nachgießen.

Dazu paßt gut selbstgebackenes Brot oder Reis.

Scharfes Beef

Zutaten für 6 Personen oder einen 10" Dutch-Oven

- 1 kg Hackfleisch
- 4 große Zwiebeln
- 1 Paket Gulaschsuppe aus der Tüte
- 1 El Tomatenmark
- 6 große Gewürzgurken
- Sambal Olek nach Geschmack
- Fett zum Anbraten
- Pfeffer und Salz

Die fein gehackten Zwiebeln glasig andünsten, das Hackfleisch dazugeben und ebenfalls anbraten. Die gewürfelten Gewürzgurken und das Tomatenmark dazu, mit der Tütensuppe überstreuen und mit einem Liter Wasser auffüllen. Mit den Gewürzen abschmecken, bei Bedarf noch mit Gurkenwasser auffüllen und bei schwacher Hitze rund eine Stunde kochen lassen.

Dazu paßt frisches Brot oder Reis.

Baeckeoffe

Baeckeoffe ist ein früheres Arme-Leute-Essen aus dem Elsaß. Dieses Gericht wurde von den Frauen an einem Waschtag zubereitet und im Backofen des Bäckers 3-4 Stunden lang in einer Auflaufform mit Deckel gebacken. Daher eignet es sich hervorragend für einen 12"-Dutch-Oven.

- 750 g Schweineschulter
- 750 g Rinderbrust
- 750 g Lammschulter ohne Knochen
- dazu eine Schweinshaxe und einen Schweineschwanz (wer mag)
- 3 große Zwiebeln
- 2 Stangen Lauch
- 5 Knoblauchzehen
- 2 Lorbeerblätter
- 2 zerstoßene Nelken
- 1,5 kg geschälte und in Scheiben geschnittene Kartoffeln
- 1 Flasche Elsässer-Riesling
- Pfeffer und Salz
- 1 Tl Thymian
- 1 Tl Majoran
- etwas Rosmarin

Das Fleisch in mundgerechte Würfel schneiden, die Schweinshaxe und den Schweineschwanz an einigen Stellen tief einschneiden und alles salzen und pfeffern. Dann wird eine Marinade zubereitet aus dem Weißwein, den fein gehackten Knoblauchzehen, dem Lorbeerblatt, Nelken, Thymian, Majoran, dem Rosmarinzweig. Das Fleisch darf man nicht in einem Dutch-Oven marinieren, da er sonst sofort rosten würde.

Am nächsten Tag die Kartoffeln schälen und in Scheiben schneiden. Eine Schicht Kartoffelscheiben und etwas Lauch und Zwiebeln in den Dutch-Oven geben. Das Fleisch und die Schweinshaxe mit den weiteren klein geschnittenen Zwiebeln umlegen. Die restlichen Kartoffelscheiben und Zwiebeln auf das Fleisch geben. Mit dem Weißwein und dem Rest der Marinade übergießen. Sollte es nötig sein, noch etwas Wasser zufügen, bis der Dutch-Oven bis zu ¾ gefüllt ist. Nun wird der Dutch-Oven bei möglichst geringer Hitze (rund 180°C) mindestens zweieinhalb, besser dreieinhalb bis vier Stunden gegart.

Herbst-Gulasch

Für vier Personen

- 500 g Gulaschfleisch (halb Rind, halb Schwein)
- 250 g Zwiebeln
- 250 g Backpflaumen
- 250 g Äpfel
- ¼ l Fleischbrühe (Brühwürfel o.ä.)
- ¼ l Cidre (lieblich)
- ¼ l Schmand oder Crème fraîche
- Pfeffer und Salz
- Oregano
- Öl

Die Backpflaumen müssen vorbereitet und über Nacht in Wasser eingeweicht werden. Das gewürfelte Fleisch wird in Öl kräftig angebraten und gewürzt. Zwiebelringe dazugeben und bräunen. Dann wird das Ganze mit Brühe und Cidre aufgefüllt und zum Schmoren auf die Kohlen gestellt. Nach etwa 30 Minuten kommen die Backpflaumen dazu und nach weiteren 15 Minuten die in Scheiben geschnittenen Äpfel. Weitere 15 Minuten schmoren lassen.

Der Schmand wird vor dem Servieren untergerührt, er macht den Eintopf schön sämig.

Beilagen: Klöße (aus der Packung)

Wildschwein-Bohnen-Suppe

Genau das richtige für ein Wildschwein-Schlachtefest.

Beim Zerwirken von Schwarzwild fallen oftmals sehr gute Fleischstücke an, die nur sehr klein sind, und nicht zum Einfrieren lohnen. Diese Fleischstücke werden sofort aussortiert und in einer speziell bereitgehaltenen Schüssel gesammelt.

- 1 kg klein geschnittenes Wildschweinfleisch (es geht auch Rindfleisch oder jede andere Fleischsorte)
- 3 kleingeschnittene Karotten
- 3 kleingeschnittene Zwiebeln
- 5 kleingeschnittene Tomaten
- 1 gr. Dose rote Kidney-Bohnen
- 1 gr. Dose weiße Bohnen fertiggekocht mit Suppenkraut
- Pfeffer und Salz
- ½ Tl Kreuzkümmel (Cumin)
- ½ Tl Paprika edelsüß
- ½ Tl Cayenne-Pfeffer
- reichlich Majoran (der verträgt sich sehr gut mit Wildschwein)
- Butterschmalz zum Braten

In dem Dutch-Oven einen Eßlöffel Butterschmalz sehr heiß werden lassen und das Fleisch in Portionen von allen Seiten sehr dunkel anbraten. Das Anbraten jetzt ist verantwortlich für die Färbung der kompletten Suppe.

Zu dem angebratenen Fleisch die gehackten Zwiebeln dazugeben und ebenfalls mit anbraten. Sind die Zwiebeln goldgelb, kommen die gehackten Karotten und die kleingeschnittenen Tomaten dazu. Kurz anbraten und dann mit den abgetropften roten Bohnen und den nicht abgegossenen weißen Bohnen auffüllen, eine der leeren Dosen nochmals mit Wasser füllen und dieses Wasser auch dazugeben.

Die Suppe mit reichlich Pfeffer, Salz, Cayenne, Paprika, Kreuzkümmel und Majoran sehr pikant würzen. Die Suppe für zwei Stunde kräftig kochen lassen, damit sie eine sämige Konsistenz erhält. So gekocht ist die Suppe ein Zwischending zwischen Stew und Suppe. Je nach Geschmack ißt man sie zu Kartoffeln oder aus der Suppenschüssel zu einer Scheibe Brot.

Steckrübeneintopf

Für vier Personen

- 500 g Putengeschnetzeltes
- 1 kl. Steckrübe von etwa 1 kg
- 3 gewürfelte Zwiebeln
- Öl oder Butterschmalz
- ¾ l Brühe
- 1 Becher Schmand
- Pfeffer und Salz
- Curry (süß)
- Zucker
- Petersilie
- Zitronensaft

Das Fleisch mit Butterschmalz anbraten und mit Salz, Pfeffer und Curry würzen. Zwiebeln dazugeben und bräunen und mit der Brühe auffüllen. Das Ganze sollte etwa eine halbe Stunde schmoren. Dann die gewürfelten Steckrüben hinzugeben. Etwa 1½ Stunden weiterköcheln lassen, bis die Rüben weich sind.

Schmand unterrühren und gegebenenfalls nochmals ein wenig mit Curry nachwürzen und mit einem Spritzer Zitronensaft abschmecken, denn die Rüben nehmen einiges der Würze auf. Fünf Minuten köcheln lassen, dann servieren.

Vor dem Servieren gehackte Petersilie über den Eintopf streuen.

Beilagen: Weißbrot oder Pitabrot

Feuriger Bohneneintopf

Für 10 Portionen in einem tiefen 12"- oder 14"-Dutch-Oven

- 1 kg Hackfleisch
- 1 kg Zwiebeln, grob gewürfelt
- 1 große Dosen weiße Bohnen
- 1 große Dosen rote Kidney-Bohnen
- 2 kleine Dosen Chili-Bohnen
- 2 große Dosen geschälte Tomaten
- 1 großes Glas rote Paprika in Streifen, sauer eingelegt
- 2 Tl Paprikapulver edelsüß
- 2 Tl Salz
- 2 Tl gemahlener Pfeffer
- Chilipulver nach Geschmack
- Brühwürfel oder gekörnte Brühe aus dem Glas für 2 Liter Flüssigkeit

Hackfleisch in Olivenöl anbraten und zerkrümeln, aus dem Dutch-Oven herausnehmen und mit neuem Olivernöl die Zwiebeln anbraten. Das angebratene Hackfleisch zurück in den Topf geben. Die Tomaten noch in der Dose mit einem langen Messer mehrfach zerschneiden und in den Dutch-Oven geben. In dem zurückbehaltenen Saft die Brühwürfel auflösen und auch in den Dutch-Oven geben. Danach die sauer eingelegten Paprika (mit dem Saft) und die anderen Bohnensorten (auch mit dem Saft) dazugeben, mit den Gewürzen abschmecken und mindestens eine halbe Stunde kochen lassen.

Bei diesem Eintopf ist selbstgebackenes Brot und ein kühles Bier einfach ein Muß.

Käsesuppe

Auch Cheesburgersuppe genannt.

In einem tiefen 12"- oder 14"-Dutch-Oven

- 1 kg Hackfleisch
- 2 Pakete Sahnekäse je 200 g
- eine große Dose Champignons
- 6 Stangen Lauch in Ringe geschnitten
- 4 Zwiebeln in Ringe geschnitten
- 2 Becher Crème fraîche
- 3 Liter Brühe
- Öl zum Anbraten
- Chilipulver
- Paprika edelsüß
- etwas Muskatnuß
- Pfeffer und Salz

Hackfleisch in dem Dutch-Oven mit dem Öl anbraten und fein zerbröseln, aus dem Dutch-Oven nehmen. Zwiebeln, Lauch und Pilze im Dutch-Oven anbraten, das angebratene Hackfleisch dazufügen, mit der Brühe auffüllen und kurz aufkochen lassen. Dann die Crème fraîche unterrühren und den Käse in keinen Stücken langsam schmelzen lassen. Mit den Gewürzen abschmecken und servieren. Sie können die Suppe auch gut vorbereiten, abkühlen lassen und vor dem Servieren wieder aufwärmen.

Mit dieser Suppe sollten Sie hingegen bei Sommerfesten vorsichtig sein, da sie bei schwüler Witterung sehr schnell anfängt zu gären, gerade bei großen Mengen, die längere Zeit zum Abkühlen brauchen. Dann eignen sich Gulaschsuppen besser.

Deftige Gulaschsuppe

Für 4-6 Portionen in einem 12"-Dutch-Oven

- 1 kg Gulaschfleisch Halb und Halb
- 250 g Räucherspeckwürfel
- 1 Dose geschälte Tomaten 450 ml
- 5 Zwiebeln, grob gewürfelt
- je eine rote, grüne und gelbe Paprikaschote, geschnitten
- jeweils einen Tl Thymian, Kümmel, Majoran, gemahlenen Pfeffer,
- 2 Tl Paprikapulver edelsüß
- 1 Tl Salz
- 1 Tl Fondor
- 1 Dose Pfifferlinge
- 1 Beutel gekochter Reis

Das Fleisch in einem 12"-Dutch-Oven von allen Seiten kräftig anbraten, die Gewürze hinzufügen. Dann die Zwiebeln mitbraten, bis sie glasig werden. Danach die Paprikastücke hinzufügen und auch mit anschwitzen. Den Topf mit den geschälten Tomaten mit Flüssigkeit ablöschen, zusätzlich zwei Liter Wasser oder noch besser Brühe auffüllen, den Deckel schließen und mit 6-10 Kohlen von unten zwei Stunden köcheln lassen. Bei diesem Gericht macht es nichts aus, wenn der Topf zwischendurch kalt wird, weil die Kohlen ausgeglüht sind. Auch kann man den Topf im erkaltenden Lagerfeuer köcheln lassen, bevor man beispielsweise zur Jagd geht.

Vor dem Servieren werden die Pfifferlinge auf dem umgedrehten Deckel angebraten. Dieses ist notwendig, weil die Pilze Ihre Aromastoffe erst bilden bzw. freisetzen, wenn diese im heißen Fett auf deutlich über 100 °C erhitzt wurden. Ohne diese Vorbehandlung bleiben die Pilze ohne den typischen Geschmack, und der Einsatz wäre reine Geldverschwendung.

Dann werden die angebratenen Pilze und der gekochte Reis zugefügt und die Gulaschsuppe mit Pfeffer und Salz abgeschmeckt.

Kartoffeln mit Hackfleischbällchen

in einem 14"-Dutch-Oven

- 500 g gekochte Kartoffeln, gepellt und in Scheiben geschnitten
- 1 Packung TK Butter- oder Pfannengemüse
- 1 Becher Sahne
- 1 Becher Schmand
- 1 El Senf
- 1 Tl Zucker
- Pfeffer und Salz

Für die Hackfleischbällchen:

- 500 g Hackfleisch (halb und halb)
- 1 Zwiebel, fein gehackt
- 1 rohes Ei
- ein altbackenes Bötchen, in Wasser eingeweicht und ausgedrückt
- Knoblauchpulver oder frischer Knoblauch, für den, der es mag
- Pfeffer und Salz

Die Kartoffelscheiben in dem Dutch-Oven gleichmäßig verteilen.

Aus dem Hackfleisch zusammen mit dem rohen Ei, der feingehackten Zwiebel, dem Knoblauch und dem Brötchen einen Teig mischen und mit Pfeffer und Salz abschmecken. Daraus kirschgroße Bällchen formen und gleichmäßig verteilt auf die Kartoffelscheiben setzen. Dazwischen gleichmäßig das TK-Gemüse verteilen.

Den Schmand, die Sahne, den Senf und Zucker miteinander verrühren und mit Pfeffer und Salz abschmecken. Diese Masse wird über die Zutaten in den Dutch-Oven gegossen. Mit wenigen Kohlen unter dem Oven, dafür mit mehr Kohlen auf dem Deckel etwa 45 Minuten braten, bis die oberen Teile der Hackfleischbällchen braun werden.

Pfeffersuppe

Der richtige Durstmacher für einen Herrenabend mit 10 Personen

Für einen 14"-Dutch-Oven

- 1,5 kg Hackfleisch
- 1 kg Zwiebeln
- 6 Cabanossi, in fingerdicke Scheiben geschnitten
- 5 Stangen Lauch
- 2 große Dosen Kidney-Bohnen
- 1 Tube Tomatenmark
- Öl zum Braten
- 2 Liter Brühe (ruhig aus Brühwürfeln)
- 1 Dose eingelegter grüner Pfeffer
- 2 Tl Senf
- Salz, Cayennepfeffer oder Chillipulver

Das Hackfleisch wird im Dutch-Oven angebraten und zerbröselt, dann aus dem Topf genommen, um die gewürfelten Zwiebeln und den in feine Ringe geschnittenen Lauch anzubraten. Die kleine Tube Tomatenmark zufügen, das Hackfleisch und die Cabanossi zurück in den Topf schütten und mit der Brühe auffüllen.

Die Bohnen und den abgetropften grünen Pfeffer in den Topf geben, mit Senf, Salz, Cayennpfeffer oder Chillipulver abschmecken und 20 Minuten kochen lassen. Bei Bedarf mit Kartoffelmehl oder Speisestärke binden.

Erbswurst und Schmalzfleisch

Ergibt eine nahrhafte Suppe.

- 2 Erbswürste (ersatzweise eine Dose Erbspüree)
- 1 Dose Schmalzfleisch
- 1 Tasse Speckwürfel
- 1 Tasse Zwiebelwürfel

Die zerbröseltern Erbswürste und das gewürfelte Schmalzfleisch in einen Dutch-Oven geben, mit Wasser nach Vorschrift auffüllen und aufkochen. Ersatzweise die Dose Erbspüree in den Dutch-Oven geben und mit Wasser so strecken, daß eine dickflussige Suppe entsteht.

Auf dem umgedrehten Deckel den Speck auslassen und die Zwiebeln mit dem Speck zusammen kroß braten. Über die Suppe geben und servieren. Wer möchte, kann auch noch einige Wiener Würstchen in Scheiben schneiden und mit in der Suppe erwärmen.

Erbswurst und Zwieback war jahrzehntelang die Eiserne Reserve im Tornister eines jeden preußisches Landsers.

Rindfleisch aus der Bundesreserve

- 1 gr. Dose Sauerkraut
- 3 Zwiebeln in Ringe geschnitten
- 1 Dose Rindfleisch aus der Bundesreserve
- 2 Cabanossi in Scheiben
- 500 g speckige gekochte Kartoffeln in Scheiben
- Bier
- Peffer und Salz, Kümmel wer mag

Sauerkraut, Kartoffelscheiben, zerpflücktes Rindfleisch, Wurstscheiben und Zwiebelringe abwechselnd in einen Dutch-Oven schichten, reichlich pfeffern und salzen, Kümmel wer mag, und mit Bier aufgießen. Nach einer Stunde ist ein einfaches, aber sättigendes Junggesellen-Essen fertig.

Deftiger Eintopf

Für 8-10 Personen

- je 500 g Rind-, Schweine- und Lammfleisch (gewürfelt)
- 3 Tassen Hühner- oder Rinderbrühe
- 1 große Dose geschälte Tomaten
- 9 Tassen frisches, gewürfeltes Gemüse nach Wahl
- 2 Tassen gefrorene Erbsen
- 1 Dose Kidney-Bohnen
- ⅓ Tasse Mehl
- ⅔ Tasse kaltes Wasser
- Basilikum
- Oregano
- 2 Lorbeerblätter
- Pfeffer und Salz

Öl in einem 12"-Dutch-Oven erhitzen und das Fleisch schön braun anbraten. Das überschüssige Fett aus dem Oven entnehmen und die Tomaten und die Brühe über das Fleisch geben. Kräuter hinzufügen und anschließend die Worcester-Soße hinzugeben. Das Ganze aufkochen und dann das Gemüse dazutun. Nochmals kurz aufkochen lassen und dann ca. 20 Minuten köcheln lassen. Die gefrorenen Erbsen hinzufügen und nochmals kochen lassen bis die Erbsen weich sind. Mehl und Wasser vermischen und zum Schluß zum Eintopf geben, um diesen anzudicken. Das Ganze noch mit Salz und Pfeffer abschmecken und servieren.

Geschnetzeltes mit grünen Bohnen

Für einen 10"- oder 12"-Dutch-Oven

- 1 kg Schnitzelfleisch (Schwein oder Pute)
- 1 kg frische grüne Bohnen, gewaschen und geschnitten
- frisches Bohnenkraut
- 250 g vorzugsweise frische Champignons
- 4 Zwiebeln
- 2 Becher Schmand
- ½ Liter Brühe
- Pfeffer und Salz
- Öl zum Braten
- etwas Mehl

Im Dutch-Oven die Zwiebeln und die in feine Scheiben geschnittenen Pilze in Öl anbraten, die Bohnen dazugeben und kurz mit andünsten, dann mit der Brühe ablöschen, das Bohnenkraut auf die Bohnen legen und bei leichter Hitze 20 Minuten weichkochen, danach das Bohnenkraut entfernen und wegwerfen.

Dann den Deckel abnehmen und umgedreht auf den Deckelständer legen, Kohlen darunterlegen und auf dem Deckel das Geschnetzelte anbraten. Das angebratene Fleisch unter die Bohnen mischen, mit den beiden Bechern Schmand aufgießen und weitere 30 Minuten kochen lassen.

Feta-Kartoffelauflauf

für 12"-Dutch-Oven

- 1 kg Kartoffeln
- 200 g Feta-Käse
- 2 Zwiebeln
- 200 g gekochter Schinken
- 1 Becher Sahne
- 1 Becher Crème fraîche
- Pfeffer und Salz
- Paprika, Muskat
- Petersilie
- 2 Eier
- Öl oder Butter

Zwiebeln hacken und im Dutch-Oven glasig dünsten, Schinken kleinschneiden und kurz mit anbraten und aus dem Topf nehmen. Den Feta zerbröckeln, Kartoffeln waschen, schälen und in dünne Scheiben schneiden. Die Sahne, Crème fraîche, Eier und Gewürze in einer Schüssel mit einer Gabel verquirrlen. Kartoffeln, Feta und Zwiebel-Schinken-Mischung im Dutch-Oven schichten und den Auflauf mit der Soße übergießen. Im Dutch-Oven für ca. 50-60 Minuten backen. Wer Käse liebt, kann den Auflauf am Ende der Garzeit mit geriebenem Emmentaler bestreuen und mit reichlich Oberhitze gratinieren.

Spanisch Fricco

für 12"-Dutch-Oven

- 1 kg rohe Kartoffeln in dünnen Scheiben
- 300 g Rind- oder Schweinefleisch in Würfeln
- 250 g Zwiebeln in Ringen
- 1 El Butter
- 1 Becher Sahne
- ¼ l heißes Wasser
- Pfeffer und Salz, wer mag auch Kräuter der Provence

Den Dutch-Oven mit der Butter ausstreichen, dann die Kartoffeln, das Fleisch und die Zwiebeln einschichten, jede Lage mit Salz und Pfeffer sowie den Kräutern würzen. Mehrere Lagen in den Topf schichten und mit den Kartoffeln abschließen.

Bei geringer Hitze mindestens zwei Stunden garen, länger schadet auch nicht. Das Gericht mit Gewürzgurken servieren.

Gunman Schmorpfanne

Ein deftiges Jagdessen

- 1 kg gewürfeltes Rindfleisch
- 250 g Rippenspeck
- 500 g Möhren
- 1 kg Kartoffeln
- 2 grüne Pfefferschoten, kleingeschnitten
- 1 Tasse Soja-Soße
- 5 mittlere Selleriestangen
- 2 Zwiebeln
- 1 Dose geschälte Tomaten
- 1/2 Tasse Worcester-Soße
- Tabasco
- Pfeffer und Salz
- Öl zum anbraten

Zuerst Öl in einem 12"-Dutch-Oven erhitzen und darin das Fleisch anbraten und herausnehmen. Dann den Rippenspeck und die Zwiebeln anbraten. Das Fleisch wieder dazugeben und schön durchbraten. Anschließend den Rest der Zutaten hinzugeben und solange kochen, bis das Gemüse schön zart ist. Abschmecken und servieren.

Das Gericht kann durchaus an einem Jagdtag am Morgen vorbereitet werden und im Lagerfeuer erkalten. Am Abend braucht man das Essen nur noch aufzuwärmen.

Soljanka

Neben den Altlasten auf den Übungsplätzen haben die russischen Besatzungstruppen in der „Ehemaligen" ein tolles Gericht zurückgelassen: Soljanka. Eigentlich ist es ein typisches Reste-Essen, daher variieren die Zutaten auch nach Verfügbarkeit. Zwingend sind jedoch die Gewürzgurken, weil sie dem Gericht den typisch säuerlichen Geschmack geben.

- 2 Beinscheiben vom Rind
- 2 Nackenkottelets vom Schwein
- 2 Cabanossi in feine Scheiben geschnitten (geht auch mit anderen Wurstresten wie Mortadella)
- 4 Zwiebeln, in Scheiben geschnitten
- 2 Möhren, in Scheiben geschnitten
- 1 Glas eingelegte Tomatenpaprika (Sauerkonserve!)
- 4 große Gewürzgurken, in Scheiben geschnitten
- 5 Pimentkörner
- Pfeffer und Salz
- Paprika
- Butterschmalz zum Anbraten
- Saure Sahne zum Servieren

Das Fleisch (können auch Bratenreste sein) in dem Dutch-Oven anbraten, mit 2 Litern Wasser auffüllen und eine Stunde kochen lassen, bis sich das Fleisch von den Knochen löst. Das Fleisch von den Knochen lösen und in kleine Würfel schneiden, die Brühe aus dem Dutch-Oven gießen und aufheben.

In dem Dutch-Oven die nicht zu fein geschnittenen Zwiebeln, Karotten, abgetropften Tomatenpaprika und die in Scheiben geschnittene Gewürzgurken in Butterschmalz anbraten. Dann das abgelöste Fleisch und die Wurst zufügen und mit der Fleischbrühe aufgießen. Mit weingen Kohlen mindestens zwei Stunden kochen lassen, bis das Gemüse weich ist. Abgeschmeckt wird mit Salz, Pfeffer, Paprikapulver und fünf Pimentkörnern, eventuell mit etwas Gurkenwasser, die Soljanka soll pikant-säuerlich schmecken. Beim Servieren gibt man auf jeden Teller einen Klecks saure Sahne.

Dazu paßt Weißbrot. Soljanka schmeckt aufgewärmt noch besser.

Tip!

Auf jeden Fall sollten Sie eine Soljanka möglichst schnell aus dem Dutch-Oven ausfüllen. Der Säuregehalt läßt den Dutch-Oven sehr schnell Rost ansetzen!

Scharfe Sauerkrautsuppe

(Mindestens ein 12"-Dutch-Oven, besser noch größer)

- 1 kg Sauerkraut oder zwei große Dosen
- 5 Zwiebeln
- 250 g durchwachsen Speck
- 10 grobe Bratwürste oder 750 g Hackfleisch
- 1 Dose geschälte Tomaten
- 5 l Brühe aus Brühwürfeln
- Öl zum Braten
- Paprikapulver
- Pfeffer und Salz
- Sambal Olek
- Zucker

In dem Dutch-Oven das Sauerkraut mit weinig Öl anbraten, mit der Brühe und der Flüssigkeit von den Tomaten auffüllen und kochen lassen. Im Deckel des Dutch-Oven portionsweise die gehackten Zwiebeln und den gewürfelten Speck anbraten und zu dem Sauerkraut geben. Aus den Bratwürsten die Masse in Form kleiner Kugeln herausdrücken und ebenfalls anbraten. Alternativ das gewürzte Hackfleisch zu kleinen Kugeln formen und angebraten zu dem Sauerkraut geben. Mit Salz, Pfeffer, Paprika, Sambal Olek und Zucker abschmecken.

Zugedeckt bei mäßiger Hitze eine halbe Stunde kochen. Dann die Tomatenstücke dazugeben und umrühren, nochmals aufkochen lassen.

Erbsensuppe

Eine vernünftige Erbsensuppe braucht Zeit und die richtigen Zutaten. Dann ist sie aber auch ungeschlagen, wenn es daraum geht, draußen am Lagerfeuer durchgefrorene Gestalten im Winter wieder warm zu machen.

- 750 g Erbsen (getrocknet), über Nacht eingeweicht
- 1 kg Schweinenacken, gewürfelt, oder Kasselerkotteletts
- 250 g Rippenspeck
- 5 Zwiebeln, gewürfelt
- 5 Stangen Porree, in Ringe geschnitten
- 1 große Sellerieknolle, gewürfelt
- Pfeffer und Salz
- etwas Fett zum Anbraten

Im Dutch-Oven Fett erhitzen und den in Würfel geschnittenen Rippenspeck zusammen mit den gewürfelten Zwiebeln anbraten, dann den Porree, Sellerie, das gewürfelte Fleisch und die Erbsen mit dem Einweichwasser dazugeben, eventuell noch mit Wasser auffüllen. Die Suppe muß mindestens eine Stunde kochen, zwei Stunden schaden nichts. Mit Pfeffer und Salz abschmecken und noch eine Viertelstunde weiterkochen lassen.

Tip!

Eine gute Erbsensuppe läßt sich mit der Gabel essen!

Tip!

Noch gehaltvoller wird die Suppe, wenn ein Eisbein darin mitgekocht wird.

Tip!

Schmecken Sie die Suppe mit scharfem Senf ab!

Linsen mit Spätzle

- 750 g Linsen, über Nacht eingeweicht, oder zwei große Dosen
- 1 kg Fleischwurst
- 250 g Rippenspeck
- 2 gewürfelte Zwiebeln
- 4 Stangen Porree, in Ringe geschnitten
- 1 große Sellerieknolle, gewürfelt
- etwas Selleriegrün
- 500 g Spätzle
- 1 große Tube Tomatenmark
- 2 Lorbeerblätter
- Pfeffer und Salz
- Fett zum Anbraten

Die Spätzle im Dutch-Oven in Salzwasser nach Packungsvorschrift kochen, abtropfen lassen und zur Seite stellen.

Im Dutch-Oven den gewürfelten Speck mit den gewürfelten Zwiebeln anbraten, den Porree und Sellerie dazugeben und kurz mitschwitzen lassen. Dann die Linsen mit dem Einweichwasser dazugeben und zum Kochen bringen. Mit Salz und Pfeffer abschmecken und eine Stunde kochen lassen. Die kleingeschnittene Wurst dazugeben und eine weitere Viertelstunde kochen lassen.

Die Spätzle und das Tomatenmark in einer Schüssel miteinander verrühren und dann in das Linsengericht geben, kurz umrühren und einmal aufkochen, damit die Spätzle wieder heiß werden.

Nachwürzen kann man das Gericht mit einem Spritzer Essig.

Bohnen

Bean-Hole

Auch die Amerikaner haben den Erdofen für sich entdeckt, dort heißt er Bean-Hole und ist für die langwierigen Bohnengerichte gedacht. Das Loch wird zwei Handbreit tiefer und größer als der Topf gegraben und mit Steinen ausgelegt. Zum Aufheizen wird ein Feuer zwei Stunden lang angeheizt, bis reichlich Glut vorhanden ist und die Steine glühen.

Nach zwei Stunden wird die Hälfte der Glut aus dem Loch entfernt und der Topf mit Bohnen oder Chili hineingestellt. Die restlichen Kohlen kommen an die Seiten des Topfes und das Loch wird für sechs bis acht Stunden mit dem Aushub und einer Grassode verschlossen.

Gebackene Schinkenbohnen

ca. 10 Personen

- 1 kg gewürfelter Schinken
- 1 kg rote Bohnen, am Vortag eingeweicht, oder 4 große Dosen
- 1 Tasse Ketchup (oder 1 Dose Tomatenmark)
- ½ Tasse braunen Zucker
- 1 El mittelscharfen Senf

Zwiebeln in etwas Öl in einem 12"-Dutch-Oven anbraten. Die restlichen Zutaten dazugeben und das Ganze etwa 2½ Stunden mit Kohle auf und unter dem Dutch-Oven backen. Die letzte halbe Stunde den Deckel abnehmen, damit die Feuchtigkeit entweichen kann. Dann für zehn Minuten den Deckel aufsetzen und mit allen Kohlen belegen, die draufpassen.

Cowboy-Bohnen

Für einen 10"-Dutch-Oven.

Zutaten für 6-8 Personen (als Beilage gerechnet).

- 3 Tassen Speck in Würfeln
- 3 Tassen Zwiebelwürfel
- 1 große Dose Kidney-Bohnen
- 100 ml Chili-Soße z.B. Maggi Texicana
- 100 ml Tomatenmark
- 2 Tl Senf
- 1 El Zucker
- Pfeffer und Salz
- Sambal Olek
- Butter oder Olivenöl

In einem tüchtigen Schlag Butter oder Olivenöl werden im Dutch-Oven die Speckwürfel ausgelassen. Dazu kommen die Zwiebelwürfel, die in dem ausgelassenen Speck glasig gedünstet werden.

Das Ganze wird mit roten Kidney-Bohnen aufgefüllt und dann der Deckel geschlossen. Das war der Inhalt – besser der Gehalt. Nun kommt der Geschmack. Scharf muß er sein. Aber wie? Am besten mit Maggi Texicana, einer Soße mit viel Chili. Das reicht aber meist noch nicht, also wird Pfeffer, Salz, Senf, Sambal Olek und Tomatenmark dazugetan. Bei solchen Gerichten wird oft die süße Note vergessen, sie sind zwar scharf, schmecken aber irgendwie fade. Also muß etwas Zucker oder süßer Ketchup dazu.

Auf den Deckel wird Glut gehäuft, um Oberhitze zu geben. Fertig abgeschmeckt muß der Topf auf dem Feuer eine Zeitlang simmern. Ich bereite dieses Gericht als Beilage zum Grillfleisch und stelle den Dutch-Oven dazu auf den Grill. Dabei genügen eine Handvoll Grillkohlen, um den Topf zum Kochen zu bringen und ein bis zwei Stunden die Wärme zu halten. Man täuscht sich dabei gewaltig!

Am besten schmecken solche Gerichte, wenn sie gekocht und nochmals aufgewärmt wurden.

Chili con Carne

Das Standardgericht für den Dutch-Oven.

- 500 g Hackfleisch
- 500 ml passierte Tomaten
- 2 rote Paprika
- 2 große Zwiebeln
- 1 Dose Mais
- 2 große Dosen Kidney-Bohnen
- 1 Packung Chili-Gewürzmischung (Maggi oder ähnliches)
- Pfeffer und Salz
- Öl
- 1 El Zucker oder etwas süßen Ketchup
- evtl. Tabasco

Zuerst Hackfleisch mit Zwiebeln anbraten.

Das zerbröselte Hackfleisch in Öl in einem Dutch-Oven scharf anbraten, dann Zwiebel- und Paprikawürfel hinzugeben und glasig werden lassen.

Jetzt erst salzen und pfeffern, dafür aber ruhig ein wenig kräftiger. Die passierten Tomaten und die abgetropften Bohnen hinzugeben und alles bei leichter Ober- und Unterhitze ca. 30 Minuten ziehen lassen. Bei Bedarf etwas Wasser oder Brühe zufügen, wenn die Masse zu trocken ist. Jetzt den Zucker oder Ketchup dazugeben und noch einmal 10 Minuten kochen lassen. Kurz vor Ende der Garzeit noch einmal abschmecken und den Mais beigeben, diesen aber nur noch heiß werden lassen, damit er schön knackig bleibt.

Chili in XXL

Die 30-Mann-Portion im tiefen 14"-Dutch-Oven

- 1 kg Hackfleisch
- 1 kg Zwiebeln, gewürfelt (ggfs. TK-Produkt)
- 1 kg Speckwürfel
- 2 Dosen Kidney-Bohnen à 4.600 ml
- 2 große Dosen Mais (480 ml)
- 2 Tuben Tomatenmark
- 2 Flaschen Maggi Texicana
- Olivenöl zum Anbraten
- Pfeffer und Salz
- Chilipulver

Im Dutch-Oven das Hackfleisch in einzelnen Portionen anbraten und wieder aus dem Topf nehmen, dann die Zwiebeln glasig anbraten, aus dem Topf nehmen und den Speck anbraten. Ist der Speck glasig, das Hackfleisch und die Zwiebeln wieder dazugeben. Von den Bohnendosen etwa ¼ der Flüssigkeit wegschütten und die Bohnen in den Dutch-Oven geben, das Tomatenmark und die Chili-Soße dazugeben, mit Pfeffer, Salz und viel Chili abschmecken und eine Stunde köcheln lassen. Den Mais dazufügen und noch 15 Minuten weiter simmern, damit der Mais noch knackig bleibt. Nochmals abschmecken, evtl. mit Fondor, und servieren.

Serbische Bohnensuppe

- 1 kg getrocknete weiße Bohnen, über Nacht eingeweicht
- 1 kg Kartoffeln, gewürfelt
- 500 g Rippenspeck, gewürfelt
- 4 Möhren, klein gewürfelt
- 4 Porreestangen, in Ringe geschnitten
- ½ Sellerieknolle, gewürfelt
- Grün vom Sellerie, kleingeschnitten
- 5 große Zwiebeln, gewürfelt
- 1 große Tube Tomatenmark
- 2 Tl Majoran
- 2 Tl edelsüßen Paprika
- 4 Cabanossi, in Scheiben geschnitten
- 1 Becher saure Sahne
- Pfeffer und Salz
- Fett zum Anbraten

In einem Dutch-Oven das Fett erhitzen und den Speck auslassen. In dem Fett die Zwiebeln und Kartoffeln andünsten, dann die Möhren, den Porree und den Sellerie dazugeben und mitschwitzen. Die Bohnen in dem Einweichwasser, das Tomatenmark und die Gewürze dazugeben.

Erst alle Kohlen unter den Topf legen und die Suppe fünf Minuten heftig kochen lassen, dann mit wenig Unterhitze zwei Stunden simmern lassen. Vor dem Servieren die Cabanossi eine Viertelstunde mitkochen. Mit Pfeffer, Salz und Paprika abschmecken und die saure Sahne unterrühren.

Beilagen

Cajun-Gewürz

Das folgende Gewürz ist ganz einfach herzustellen und eignet sich hervorragend, um Grillfleisch oder Hühnchen den richtigen Pep zu geben.

- 3 Tl Salz
- 2 Tl Paprikapulver
- 1 Tl Cayenne-Pfeffer
- 1 Tl schwarzer Pfeffer
- 1 Tl Zwiebelpulver
- 1 Tl Knoblauchpulver
- 1 Tl Natriumglutamat.

Die Gewürze und das Salz mischen und in einer dicht schließenden Dose verwahren.

Um beispielsweise Hühnchen damit zu würzen, mischt man zwei Teelöffel dieser Mischung mit zwei Tassen Paniermehl. Die Hähnchenteile werden wie bekannt paniert und erhalten eine schöne rotbraune Farbe und ein typischen „Cajun"-Geschmack

Kartoffeln aus der Glut (Baked Potatoes)

Ein einfaches Gericht, wobei aber trotzdem viel schiefgehen kann.

- Kartoffeln
- Salz
- Butter oder Kräuterbutter

Zunächst eine etwa 10 cm tiefe Kuhle graben und darin ein Feuer anzünden, bis reichlich Glut vorhanden ist. Dann die Kartoffeln in die Glut setzen und mit weiterer Glut bedecken. Die Kuhle mit der Glut und den Kartoffeln nun mit einer Grassode und Erde luftdicht abdecken. Nur so verhindert man, daß die Kartoffeln völlig verkohlen, denn die offene Glut ist viel zu heiß. Nach einer halben bis dreiviertel Stunde vorsichtig die Kuhle öffnen und die Kartoffeln herausholen. Die Kartoffeln sind äußerlich schwarz, teilweise auch verkohlt. Sie werden durchgeschnitten und ausgelöffelt, wer hat, kann mit Butter, Salz oder sogar Kräuterbutter eine besondere Delikatesse genießen. Diese Kartoffeln aus der Asche mit ihrem rauchigen Geschmack sind überhaupt kein Vergleich mit den Baked Potatoes, die in Alufolie gewickelt im Backofen gemacht werden.

Chili-Fleisch-Soße für Baked-Potatoes

- 300 g Hackfleisch
- 2 kleine Dosen Chili-Bohnen
- 1 Tasse Wasser
- 2 El Maggi-Texicana
- 1 Zwiebel (gewürfelt)
- 1 zerdrückte Knoblauchzehe
- 1 Tl Tabasco.

Die beiden Dosen Chili-Bohnen werden in einer Küchenmaschine püriert. Im Dutch-Oven – ein 8"-Dutch-Oven eignet sich hervorragend – wird das Hackfleisch zusammen mit den Zwiebeln und dem Knoblauch aus der Presse kräftig angebraten. Sobald die Zwiebeln glasig werden, fügt man den Rest der Zutaten hinzu. Kurz umrühren und eine Stunde leicht simmern lassen. Diese Masse eignet sich hervorragend über Baked-Potatoes.

Maiskolben

- ein frischer Maiskolben mit Blättern pro Person
- eine Scheibe Speck
- Butter und Salz

Zu einem echten amerikanischen Barbecue gehören Maiskolben einfach dazu. Glücklicherweise sind diese ganz einfach zuzubereiten. Der Zuckermais wird geschält, so daß die Blätter dranbleiben. Die feinen Häutchen um den Kolben werden enfernt und es wird eine Scheibe Bacon spiralförmig um den Kolben gewickelt. Dann die Blätter zurückklappen, mit Baumwollband oder Blumendraht umwickeln und den Maiskolben eine Stunde wässern. Danach wird er eine halbe Stunde auf dem Grill oder direkt in der Glut zubereitet. Durch das Wässern hat er genug Feuchtigkeit aufgenommen, um so lange nicht zu verbrennen, bis die Körner gar sind.

Ist die äußere Hülle verbrannt, dann nimmt man die Kolben vom Feuer, trennt die Umwicklung auf und entfernt die Hüllen und den Speck. Mit Butter und Salz kann der Kolben gleich so gegessen werden.

Folienkartoffeln

Diese Beilage ist gerade für Outdoor-Events gut geeignet. Mittelgroße Kartoffeln werden in Alufolie eingeschlagen und einfach zwischen den Kohlen plaziert. Je nach Größe benötigen Folienkartoffeln eine Garzeit von 45 bis 60 Minuten.

Eine sehr schmackhafte Variante der Folienkartoffel: Stoßen Sie mit einem Kerngehäuseschneider für Äpfel ein Loch durch die Länge der Kartoffel und füllen Sie dieses mit Lauchstreifen. Dann umwicklen Sie die Kartoffel mit einer Scheibe durchwachsenem Speck, Alufolie drumherum und ab in die Glut.

Tip!

Die Mikrowelle ist eine große Hilfe für das Vorgaren der Kartoffeln. Einfach die Kartoffeln mit einer Gabel rundum tief einstechen, in die Mikrowelle geben und fünf Minuten bei 600 Watt die Runden drehen lassen. Dann braucht man diese nur noch aufzuschneiden und kann diese entweder grillen oder in der Glut rösten oder was man noch mit vorgekochten Kartoffeln macht.

Kümmelkartoffeln

Ein sehr einfaches Gericht, das gut zu Gegrilltem paßt.

- Neue Kartofeln
- Olivenöl
- Eine Mischung aus gleichen Teilen groben Salz und Kümmel

Die Kartoffeln nicht schälen, sondern nur mit einer groben Bürste unter fließendem Wasser säubern, dann der Länge nach halbieren, bei sehr runden Kartoffeln eine „Standfläche" schneiden, damit die Kartoffelhälfte mit der großen Schnittfläche oben steht.

In eine flache Untertasse Olivenöl gießen, in eine zweite Untertasse die Salz-Kümmel-Mischung. Die Kartoffeln mit der Schnittfläche zuerst in das Öl und dann in die Salz-Kümmel-Mischung tauchen und mit der Schnittfläche nach oben in den mit Olivenöl ausgestrichenen Dutch-Oven stellen. Dort mit wenig Unter- und viel Oberhitze etwa 30 Minuten garen.

Gefüllte Champignons

Eine pikante Beilage zu Grillfleisch, kann auch in einem Dutch-Oven mit Grilltomaten und Grillzwiebeln zubereitet werden.

- Große Champignons
- Pro Champignon ein kleines Stück Fetakäse
- Zwiebel
- Petersilie
- Olivenöl
- Pfeffer und Salz

Große Champignons mit einer trockenen Bürste reinigen und den Stiel ausbrechen, so daß der hohle Kopf übrig bleibt. Zwiebel fein hacken, mit Petersilie, Olivenöl, Salz und Pfeffer zu einer glatten Masse rühren und mit einem Teelöffel in die Champignonköpfe füllen. Auf jeden Kopf noch ein Stück Feta-Käse setzen und in den mit Olivenöl ausgestrichenen Dutch-Oven setzen. Dort eine halbe Stunde mit wenig Unter- und viel Oberhitze dünsten.

Grilltomaten

- Tomaten
- Knoblauch
- Oregano
- Pfeffer und Salz
- Parmesan
- Butter
- Olivenöl

Feste Tomaten auf den Stielansatz setzen und an der Spitze mit einem scharfen Messer kreuzweise einschneiden und die Haut zurückziehen. Mit Pfeffer, Salz, Oregano und Knoblauchsaft würzen, mit Parmesan bestreuen und mit einem Butterflöckchen krönen. In den mit Olivenöl ausgestrichenen Dutch-Oven setzen. Dort eine halbe Stunde mit wenig Unter- und viel Oberhitze dünsten.

Grillzwiebeln

- Zwiebeln
- Olivenöl
- Parmesan
- Pfeffer und Salz

Zwiebeln schälen, aber an der Wurzel nur ganz wenig wegschneiden, und der Länge nach trennen, so daß sie noch an der Wurzel zusammenhängen. Die Schnittfläche in Olivenöl, Salz und Pfeffer tauchen und nach Geschmack mit Parmesan bestreuen. Mit der Schnittfläche nach oben in einem Dutch-Oven glasig dünsten.

Blooming Onions

Pro Portion:
- 1 große Zwiebel
- 1 geschälte Knoblauchzehe
- etwas Butter
- Pfeffer und Salz

Die Zwiebel schälen, dabei aber den Wurzelansatz nicht entfernen, sondern nur mit den Fingern die trockenen Wurzeln abstreifen. Dann die Zwiebel von oben her kreuzweise einschneiden, dabei soll die Zwiebel am Wurzelansatz weiter zusammenhängen. Aus Butter, Pfeffer und Salz eine Paste rühren und einen Teelöffel davon sowie eine geschälte Knoblauchzehe in jede Zwiebel geben. Dann wird die Zwiebel auf ein Stück starke Alufolie gesetzt und die Enden der Folie nach oben über der Zwiebel zusammengeschlagen. Jedes Paket wird etwa eine halbe Stunde in der heißen Glut gebacken.

Nach dem Öffnen der Alufolie „blüht" die Zwiebel auf.

Dutch-Oven-Kartoffeln

- 1 große Kartoffel pro Person (in Scheiben)
- ½-1 Zwiebel pro Person (gewürfelt)
- 250 g Speck pro Person (gewürfelt)
- Geraspelter Käse (je nach Geschmack)
- Pfeffer und Salz
- 1 Tasse Wasser oder Brühe

Den gewürfelten Schinken und die Zwiebeln in einem 12"-Dutch-Oven in etwas Öl anbraten. Anschließend die Kartoffelscheiben hinzugeben und das Ganze ordentlich würzen. Je nach Geschmack können auch andere Gewürze wie z. B. scharfes Paprikapulver etc. verwendet werden. Die Tasse Wasser oder Brühe angießen, damit die Kartoffeln zunächst im Dampf garen, bis die Flüssigkeit verdampft ist. Den Deckel auf den Dutch-Oven setzen und mit Kohlen bedecken. Das Ganze so lange auf den Kohlen lassen, bis die Kartoffeln durch sind (ca. 20 Minuten). Anschließend den Käse darüber streuen und warten, bis er zerlaufen ist. Die Dutch-Oven-Kartoffeln möglichst heiß servieren. Ob als Beilage oder Hauptgericht bleibt jedem selbst überlassen.

Die Kartoffeln mit Speck und Zwiebeln im Dutch-Oven.

Fisch

Eigentlich ist ein Dutch-Oven nicht für Fisch geeignet, da dieser immer nur kurze Garzeiten benötigt, der Dutch-Oven aber für langes, langsames Simmern der Speisen prädestiniert ist. Man kann aber den Fisch auch fritieren oder braten – dann geht es wieder.

Wenn man schon draußen am offenen Feuer ist, dann wird man den Fisch allerdings meist grillen und im Dutch-Oven eine Beilage kochen. Für denjenigen, der nach etlichen Wochen im Busch mal etwas anderes als gegrillten Fisch haben möchte, hier einige Rezepte.

Gebackene Forelle

Pro Person:
- 1 Forelle
- 1 El Butter
- Zitronenspalten
- Pfeffer und Salz
- Frische Kräuter nach Angebot

Einen guten Schlag Butter in einem Dutch-Oven zerlassen. Die geputzte und ausgenommene Forelle von innen und außen mit Salz und Pfeffer einreiben. Je nach Geschmack noch ein Paar Kräuter (z. B. frischen Dill...) hinzugeben. Die Forelle in den Dutch-Oven legen und ca. 20 Minuten backen.

Danach den Deckel entfernen und das Ganze mit einer Soße aus zerlassener Butter und Zitronensaft überdecken und servieren.

Würstchen und Shrimps

- 500 g Cabanossi, in 1 cm dicke Scheiben geschnitten
- 500 g tiefgefrorene und bereits geschälte Shrimps
- 2 gehackte Zwiebeln
- 4 Knoblauchzehen (feingehackt)
- 2 Tassen Wasser
- 1 Dose geschälte Tomaten
- 1 Tl Thymian
- 1 Tl Salz
- 2 Tassen ungekochten Reis

Im Dutch-Oven in etwas Olivenöl werden die in Scheiben geschnittenen Cabanossi sowie die Zwiebeln angebraten, bis die Zwiebeln glasig werden, danach kommt der Knoblauch dazu. Das Ganze wird mit der Dose Tomaten aufgefüllt. Dazu werden die Tomaten noch in der Dose mit einem langen Messer mehrfach in Stücke geschnitten und inklusive der Flüssigkeit und den beiden Tassen Wasser dazugegossen. Würzen Sie mit Salz, Pfeffer und Thymian. Sobald die Suppe kocht, wird der Reis und die inzwischen aufgetauten Shrimps hinzugegeben. Das Ganze wird gekocht, bis der Reis gar ist. Bei Bedarf Wasser nachgießen.

Fischfilet Cajun Style

- 8-12 Fischfilets
- 2 Tassen Senf
- 3 miteinander verquirlte Eier
- 1 Tl Tabasco
- 2 Tassen Paniermehl
- 2 Tl Cajun-Würzmischung
- 1 Tl Knoblauchpulver
- 1 Tl Paprika
- Zitronenspalten
- 1 Tl roten Pfeffer
- 1 Tasse Mehl

In einem Dutch-Oven wird im Boden mindestens 2 cm Olivenöl bis fast zum Rauchen erhitzt. In dem umgedrehten Deckel befinden sich die vermischten trockenen Zutaten als Panade. In einer Schüssel mischen Sie die Eier, den Senf und Tabasco. Die Fischfilets werden zuerst in der flüssigen Mischung gewendet, dann in dem gewürzten Paniermehl, um dann im Dutch-Oven fünf Minuten von jeder Seite fritiert zu werden. Vor dem Servieren auf einer doppelten oder dreifachen Lage Küchentuch abtropfen lassen und mit Zitronenspalten servieren.

Rotbarsch mit Knusper-Kruste

Für einen 10"-Dutch-Oven

- 500 g gekochte Kartoffeln in Scheiben
- 1 Packung Spinat (TK)
- 500 g Rot- oder Goldbarschfilet
- 2 Tassen gehackte Tomaten (auch aus Tetra-Pack)
- Zitronensaft
- 150 g geriebenen Emmentaler
- 1 Tasse Semmelbrösel
- Butter für den Dutch-Oven
- Pfeffer und Salz

Den Dutch-Oven großzügig mit der Butter ausstreichen und mit den gekochten Kartoffelscheiben auslegen. Salzen und pfeffern, darauf den Spinat verteilen. Den Fisch mit Zitronensaft beträufeln und salzen, auf dem Spinat verteilen, darüber die Tomatenstücke geben. Semmelbrösel mit dem geriebenen Käse vermischen und über dem Fisch verteilen. Das Ganze mit Butterflöckchen belegen und mit wenig Unter- und viel Oberhitze rund 30 Minuten überbacken.

Das Gericht gelingt auch mit gekochtem Reis oder Kartoffelpüree statt der Kartoffelscheiben.

Kuchen

> **Tip!**
>
> **In die verschiedenen Größen der Dutch-Oven passen Tortenbodenformen aus Metall. Damit diese einen entsprechenden Abstand vom Boden haben, zerknüllen Sie einzelne Stücke Alufolie zu Kugeln in Kirschgröße. Drei bis vier von diesen Kugeln legen Sie in den Dutch-Oven, und darauf stellen Sie die Kuchenform. So erhalten Sie einen Abstand zum heißen Boden.**

Ananas-Upside-Down-Kuchen

Auch für den Nachtisch ist der Dutch-Oven geeignet. Ein einfaches Rezept ist der Ananas-Upside-Down-Kuchen. Der Trick dabei ist, die Früchte unten in den Topf zu schichten und mit dem Teig zu übergießen. Nach dem Backen wird er gestürzt, daher kommt auch der Name.

Sie benötigen für einen 10"-Dutch-Oven:

- 1 Dose (425 ml) Ananas in Scheiben oder Mischobst
- 1 Tl Butter
- 2 El Zucker
- 1 Packung Fertigrührteig

Legen Sie den Dutch-Oven mit einer doppelt gelegten Schicht Alufolie aus. Stellen Sie den Topf auf das Feuer und schmelzen Sie die Butter in der Alufolie. Darauf streuen Sie den Zucker und dann verteilen Sie die Früchte, aber ohne die Flüssigkeit. Bereiten Sie den Rührteig wie auf der Pakung beschrieben zu, aber nehmen Sie nur eines statt der drei Eier (die meist auf der Packung verlangt werden).

Den Teig geben Sie löffelweise über die Früchte, so daß er gleichmäßig in den Topf eingefüllt ist. Schließen Sie den Deckel und heizen Sie den Dutch-Oven unten mit sieben und auf dem Deckel mit 13 Grill-Briketts. Nach 20 Minuten sollte der Kuchen fast gar sein. Öffnen Sie den Deckel und machen Sie die Backprobe mit einem Holzstab.

Sie sollten den Kuchen goldbraun backen und dann im Dutch-Oven etwas abkühlen lassen. Fassen Sie mit spitzen Fingern die überstehende Alufolie und heben den Kuchen aus dem Topf. Bei der ganzen Aktion sollte die Alufolie nicht beschädigt werden.

Nun müssen Sie den Kuchen nur noch stürzen. Dazu wird der Boden (der jetzt noch oben ist!) mit einem Teller bedeckt, ein zweiter Teller kommt unter den Kuchen, und beide Teller werden um 180 Grad gedreht, so daß der untere zuoberst zu liegen kommt. Voilá – Alufolie abziehen und der Kuchen strahlt einem entgegen.

Birnentarte

Für etwa vier Personen

Teig:
- 125 g Mehl
- 60 g Zucker
- 1 Päckchen Vanillezucker
- 250 g Schlagsahne

Füllung:
- 4 große Birnen
- 60 g Butter
- 40 g Zucker
- Saft einer Zitrone
- 150 g Crème fraîche

Den Dutch-Oven mit Alufolie auskleiden, die glänzende Schicht sichtbar. Mit Mehl, Zucker, Vanillezucker und Sahne einen Teig bereiten und zum Ruhen zur Seite stellen. In der Zwischenzeit die Birnen schälen, entkernen und in dicke Scheiben schneiden.

Butter auf der Alufolie zerlassen, Zucker und den Zitronensaft dazugeben und die Birnenhälften darin andünsten. Die Birnen sternförmig drapieren und den nochmals aufgeschlagenen Teig darübergeben. Deckel aufsetzen und ca. 15 Minuten backen. Danach mit der Alufolie herausheben.

Crème fraîche mit etwas Vanillezucker verrühren und auf jede Portion Tarte einen Klecks geben.

Waffelmischung

- 6 Eier
- ca. ½ l Milch
- 1 Becher Sahne
- Zucker
- Mehl

Eier, Milch, Sahne und Zucker kurz miteinander verrühren. Dann nach und nach so viel Mehl zugeben, bis der Teig dickflüssig ist. Im Deckel des Dutch-Oven von beiden Seiten backen

Vermischtes

Dutch-Oven Pizza

Tip!

Stellen Sie zum Pizzabacken den Deckel des Dutch-Oven auf den Deckelständer und stülpen Sie den Topf mit den Beinen nach oben auf den Deckel. So können Sie die Pizza leichter entnehmen, als wenn Sie diese aus dem tiefen Dutch-Oven heben müßten.

Tip!

Schneiden Sie aus Pergamentpapier zwei ca. 5 cm breite Streifen. Diese werden kreuzweise unter die Pizza gelegt und sollten bis unter den Deckel hochstehen. Zum Herausheben brauchen Sie nur die Pizza an den Papierstreifen anzuheben.

Tip!

Niemals darf das Salz und die Hefe in der Schüssel zusammenkommen, da das Salz die Hefe abtötet!

Für den Teig:
- 500 g Mehl
- 40 g frische Hefe (entspricht einem Würfel)
- 1½ El Zucker
- 300 ml lauwarmes Wasser
- 3 El Olivenöl
- 2 Tl Salz

Für die Soße:
- 1 Dose Pizzatomaten
- Pfeffer und Oregano

Für den Belag:
- geriebener Käse
- Zutaten nach Geschmack: Salami, Zwiebeln, Peperoni, Thunfisch, Champignons, Oliven, ...

Das Mehl in eine Schüssel sieben und in die Mitte eine Vertiefung drücken. In diese Vertiefung kommt die zerbröselte Hefe, der Zucker und das Wasser. Durchkneten und zugedeckt eine halbe Stunde an einem warmen Ort gehen lassen. Danach Salz und Olivenöl dazugeben und kräftig durchkneten. Den Teig zu etwa apfelgroßen Kugeln formen und diese ausrollen, am Rand leicht aufbiegen, damit der Belag nicht unter den Teig fließt. Dann nach Geschmack belegen.

Zuerst die Tomatensoße aus pürierten Tomaten aus der Dose (Pizza-Tomaten) mit Oregano und Pfeffer würzen und dünn (!) auf dem Teig verteilen. Dann alle Beilagen außer frischen Champignons oder Salami (die kommen über den Käse), reichlich Oregano darüberstreunen, dann der Käse, dann Champignons und Salami.

Die Pizza ist fertiggebacken, wenn der Teigrand leicht braun ist und sich nicht mehr durchbiegt.

Gebacken wird die Pizza mit sehr viel Oberhitze.

Elsäßer Flammkuchen

Flammkuchen sind ganz dünne Teigfladen belegt mit Speck und Zwiebeln. Die Mengen variieren, je nachdem, wie dünn man den Teig ausrollt und wie viele Flammkuchen man herstellt. Wichtig ist zum einen, daß der Flammkuchen einen sehr dünnen Boden und einen sparsamen Belag hat. Zum Backen wird der Flammkuchen in den extrem heißen Dutch-Oven gelegt – so viele Kohlen auf den Deckel, wie nur draufpassen. Auch ist es gut möglich, den Deckel auf den Deckelständer zu legen und den Topf kopfüber auf den Deckel zu stülpen. Das ist leider etwas unhandlich.

Für den Teig:
- 500 g Mehl
- 40 g frische Hefe (entspricht einem Würfel)
- 1 Tl Zucker
- 300 ml lauwarmes Wasser
- 3 El Olivenöl
- 2 Tl Salz

Für den Belag:
- 2 Becher Crème fraîche
- 1 Becher Quark
- Pfeffer und Salz
- 250 g fein gewürfelter Räucherspeck
- 3 Zwiebeln, in sehr feine Ringe geschnitten

Aus Hefe, lauwarmer Milch und dem Zucker einen dünnflüssigen Teig anrühren. Diesen mit allen anderen Zutaten außer dem Wasser mit dem Knethaken vermischen. Solange Wasser hinzugeben, bis sich der Teig von der Schüssel löst. Den Teig zu einer Kugel formen, mit Mehl bestäuben und in der Schüssel mit einem Handtuch abgedeckt eine Stunde gehen lassen, bis sich der Teig verdoppelt hat. Je nach Größe des Dutch-Oven Teigkugeln abnehmen und messerrückendick ausrollen, mit reichlich Mehl bestäuben und belegen. Für den Belag die Crème fraîche und den Quark in einer Schüssel verquirlen und mit Salz und Pfeffer abschmecken. Einige Löffel von dieser Crème fraîche/Quark-Mischung auf dem Flammkuchen verteilen und Zwiebelringe und Speckwürfel darüberstreuen. Bei sehr viel Hitze in weinigen Minuten abbacken.

Popcorn

- Fett für den Topf
- Popcornmais
- Salz oder Zucker nach Geschmack

Den Boden des Dutch-Oven mit Öl bedecken und mit reichlich Unterhitze aufheizen. Das Popcorn einstreuen, so daß nur eine Schicht im Topf liegt und jedes Korn Kontakt zum Boden hat. Deckel auflegen und warten, bis das Knallen aufhört. Eventuell gelegentlich mit einem Holzlöffel rühren. Das Popcorn aus dem Topf nehmen und in einer Schüssel mit Salz oder Zucker bestreuen.

Dutch-Oven-Fondue

Gerade die vielseitigen Verwendungsmöglichkeiten sind es, die den Dutch-Oven so attraktiv machen. Der Dutch-Oven ist genauso ein Fonduetopf, der mit Fett oder Brühe befüllt werden kann. Statt der üblichen Fonduegabeln, bei deren Verwendung man regelmäßig zu verhungern droht, empfiehlt es sich, für jede Person einige Schaschlikspieße vorzubereiten, mit denen man gleich mehrere Fleischstücke fritieren kann. Das Fondue mit Brühe spritzt nicht so wie das mit Fett, und zum Schluß kann man die Brühe auch noch verzehren.

Pro Person rechnet man etwa 300 g Fleisch (Filet vom Lamm, Schwein, Rind oder Pute), an einen Topf passen nur vier Personen, ansonsten vertut man sich mit der Zuordnung der Spieße.

Zu beiden Varianten passen Folienkartoffeln, Olivenbrot oder Fladenbrot.

Dutch-Oven Paella

- 8 gewaschene Venusmuscheln oder 1 kg Miesmuscheln
- 12 gewaschene und geschälte Shrimps
- 5 enthäutete Hühnerkeulen
- 1 gewürfelte Zwiebel
- 1 gewaschene und geschnittene rote Chilischote
- 1 große Knoblauchzehe, durch die Presse gedrückt
- ½ Tasse Olivenöl
- 2 Tomaten
- 3 Tassen Hühnerbrühe
- 2 Tassen Reis
- 1 kleine Dose Artischockenherzen
- 1 Tasse Erbsen (TK-Produkt)
- ½ Tasse gewürfelte Oliven
- Safran, Paprika, Oregano
- Pfeffer und Salz

Das Olivenöl in einem 12"-Dutch-Oven erhitzen. Die Hühnerkeulen rund 15 Minuten anbraten und anschließend aus dem Oven nehmen. Knoblauch, Zwiebeln, Chili und Tomaten im Dutch-Oven einige Minuten anschwitzen. Die Keulen, Wasser, Brühe und die restlichen Gewürze hinzufügen und zehn Minuten kochen lassen. Den Reis hinzufügen und kurz aufkochen lassen. Shrimps, Muscheln, Artischockenherzen und Erbsen zugeben und mit geschlossenem Deckel so lange kochen, bis sich die Muscheln öffnen. Die Paella aufdeckeln und kräftig umrühren, damit überschüssige Flüssigkeit verdampft.

Wer die Muschelschalen in der Paella nicht mag, der kann die Muscheln auch separat kochen, die Schalen entfernen und nur das Muschelfleisch kurz vor dem Servieren zugeben.

Das Gericht mit Weißbrot servieren.

Dutch-Oven Carbonara

Ein einfaches Pasta-Gericht, macht aber vier hungrige Personen satt.

- 500 g Nudeln (besser Makkaroni als Spaghetti)
- 100 g Parmesan, gerieben
- 100 g geraspelten Käse zum Überbacken
- 200 g gewürfelter Rippenspeck
- 1 Becher Sahne
- 4 Eier
- Olivenöl
- Pfeffer und Salz

Die Nudeln im Dutch-Oven mit reichlich Salzwasser garkochen, abgießen und zur Seite stellen. Im Dutch-Oven die Speckwürfel in Olivenöl auslassen. Die Nudeln zurückgeben und gut durchmischen. Die Sahne mit den vier Eiern, dem Parmesan, reichlich Pfeffer und Salz vermischen und über die Nudeln geben. Kurz durchmischen, mit dem geraspelten Käse bestreuen und nur noch mit Oberhitze überbacken, bis der Käse an einigen Stellen braun geworden und die Eimasse gestockt ist.

Maronen

Eine einfache, aber schmackhafte Knabberei für Draußen.

- Maronen (etwa 500 g passen in einen 10"-Dutch-Oven)
- Fett für den Topf

Die Maronen mit einem Teppichmesser und sehr viel Vorsicht anritzen, um die braune Schale auf zwei Zentimetern an der pelzigen Spitze zu durchtrennen. Im Dutch-Oven mit so vielen Kohlen wie drunterpassen das Fett erhitzen und die ungeschälten Maronen rösten, bis sich der Schnitt öffnet und die Maronen innen weich sind. Das dauert mindestens 20 Minuten. Dann „die Kastanien aus dem Feuer holen“, mit einem Küchentuch das Fett abwischen, mit den Fingern schälen und noch warm verzehren.

Die Maronen lassen sich auch ohne Fett rösten, dann aber mit weniger Unterhitze und geschlossenem Deckel mit reichlich Kohlen.

Maronen wärmen nicht nur den Magen, sondern im Herbst und Winter auch die Finger!

Armadillo-Eier

Bei diesem herzhaften Gericht handelt es sich auch um einen kleinen Snack zum Appetitanregen. Armadillos sind die Gürteltiere, die in Texas und New Mexico ihr Unwesen treiben. Sie sehen aus wie aus einer anderen Welt.

- 2 große Gläser Jalapeño-Peppers (Peperoni), dabei ist es wichtig, daß es sich um die kurzen Dicken und nicht die überdimensionierten Langen handelt. Schön scharf sollten sie auch sein!
- 2 Tassen Mehl
- 1 Tl Backpulver
- 200 g geriebener Mozzarellakäse
- 1 kg Bratwurstbrät
- 2 Tassen Paniermehl vermischt mit 2 Teelöffeln des an anderer Stelle genannten Cajun-Gewürzmischung
- 1 Ei

Die abgetropften Peperonis werden am Stiel-Ende abgeschnitten und die Samen werden entfernt, die Hülle dieser Chilis wird mit wenig Käse gefüllt. Das Bratwurstbrät, die 2 Tassen Mehl, 1 Teelöffel Backpulver und die Hälfte des Käses werden zu einem festen Teig vermischt. Aus diesem Teig werden kleine Teigplatten von der Größe eines Bierdeckels geformt. In die Mitte jeder dieser Teigportionen kommt eine Peperoni, dann wird der Teig rund um die Schote geschlossen. Danach werden die einzelnen Teigformen zuerst in einem Ei und dann im gewürzten Paniermehl paniert. Mit reichlich Fett werden die Armadillo-Eier ausgebacken. Dazu in einem Dutch-Oven reichlich Fett heiß werden lassen.

Dazu passen am besten reichlich kalte Getränke.

Mexican Dutch-Oven Dip

- 2 Dosen Kidney-Bohnen
- 4 Tassen geraspelter Käse
- 1 Tasse Mayonnaise
- 1 Tasse Sour-Cream
- 1 Tasse Maggi-Texicana
- 1 Tasse entsteinte Oliven in Scheiben geschnitten
- Tortillachips

Die beiden Dosen Kidney-Bohnen in einem Sieb abtropfen lassen und portionsweise in der Küchenmaschine zu einem feinen Muß zermahlen. In einem Dutch-Oven – gegebenenfalls mit dicker Alufolie ausgelegt – zuerst die Bohnen auf dem Boden verteilen. 1 Tasse Mayonnaise und eine Tasse Sour-Cream miteinander vermischen und über die Bohnen verteilen. Darüber 1 Tasse Maggi Mexicana verteilen, 1 Tasse schwarze oder grüne Oliven in Scheiben schneiden und über der Soße schichten. Das Ganze wird mit 3-4 Tassen möglichst pikantem Käse – Cheddar eignet sich sehr gut – überzogen. Mit reichlichen Kohlen auf dem Deckel wird die Mischung 30 Minuten gebacken.

Zum Servieren wird einfach der Dutch-Oven auf den Tisch gestellt und jeder bedient sich mit Tortillachips, die einfach zum Dippen benutzt werden.

Honig-Senf Dip

- 2 Tassen Mayonnaise,
- ½ Tasse Senf
- ¼ Tasse Honig
- zwei Spritzer Tabasco

Alle Zutaten gut miteinander vermischen und für einige Stunden im Kühlschrank ziehen lassen.

Barbecue-Soße

- 1 Tasse kalten Kaffee
- 1 Tasse Worcester-Soße
- 1 Tasse Ketchup
- 1 Tasse Essig
- 2 Tl Chilipulver
- 2 Tl Salz
- 2 Tassen feingehackte Zwiebeln
- ½ Tasse frisch pürierte Chillischoten
- 6 gepreßte Knoblauchzehen
- Tabasco nach Geschmack

Zur Zubereitung werden alle Zutaten in einem kleinen Dutch-Oven mindestens 20 Minuten simmern gelassen. Am besten die Masse hinterher in einer Küchenmaschine pürieren. Hält sich im Kühlschrank einige Wochen.

Gebackener Camembert

Eine schöne Vorspeise, die man aus einem Dutch-Oven nicht vermutet.

- 1 Camembert
- Blätterteig (TK-Produkt)
- Preiselbeeren aus dem Glas

Den Blätterteig so ausbreiten, daß er sich gut über dem Camembert zusammenlegen läßt. Den Dutch-Oven mit mehrfach gelegter Alufolie auslegen. Den Camembert in die Mitte vom Blätterteig setzen, mit Preiselbeeren umlegen und den Blätterteig über dem Camembert zusammenlegen. Oben soll ein Loch offenbleiben, damit die Feuchtigkeit abziehen kann und der Blätterteig kroß wird. Den Blätterteig mit Eigelb bestreichen und alles eine Viertelstunde im Dutch-Oven mit viel Oberhitze backen, bis der Blätterteig schön goldgelb und der Käse zerlaufen ist.

Gebackener Feta

Als Vorspeise für 4 Personen

- 1 Packung Feta-Käse in Folie
- 2 El Olivenöl
- 1 Knoblauchzehe
- 1 Peperoni, in Ringe geschnitten
- 1 Zwiebel, in Ringe geschnitten
- schwarze Oliven
- Oregano
- Pfeffer und Salz
- Thymian
- Alufolie

Die Knoblauchzehe grob hacken und mit dem Messer zusammen mit etwas Salz zerreiben, in eine Tasse geben und mit dem Olivenöl vermischen.

Der Käse kann in einer einzelnen Form oder portionsweise gebacken werden. Für kleine Portionsformen stülpt man mehrfach gelegte Alufolie über eine Schüssel entsprechender Größe und formt diese dadurch ab.

Der Käse ist in zwei Stücken in der Folie verpackt, diese Stücke werden jeweis nochmals längs geteilt, so daß diese nur noch halb so dick sind. Das ist eine Portion. Der Käse wird mit der Knoblauch-Öl-Mischung von beiden Seiten eingepinselt und in die Formen gesetzt. Darüber kommen die Peperoni- und Zwiebelringe, die Oliven und die Gewürze. Mit wenige Unter- und fast nur Oberhitze werden die Portionen 10-15 Minuten gebacken.

Man kann diesen Käse auch auf größere Alufolie-Stücke setzen und diese dann zufalten, um sie in der heißen Glut zu backen, dann müssen sie allerdings gewendet werden.

Kochen nach Art der Schutztruppen in Deutsch-Südwest

Hierbei handelt es sich im Grunde genommen nicht um ein Rezept, sondern um eine Zubereitungsart. Die Schutztruppen in Deutsch-Südwest haben diese Art des Kochens berühmt gemacht. Dazu wird in einem Dutch-Oven gesalzenenes und gepfeffertes Geflügel und Wild (Perlhühner und Kudufleisch) zusammen mit Zwiebeln und Kartoffeln sowie Wurzelgemüse dicht gepackt. Die Zwischenräume werden bis zur Hälfte mit Wasser aufgefüllt. Dann wird der Topf in einem Erdofen versenkt.

Ein Erdofen ist ganz einfach zu bauen: Man gräbt ein Loch in die Erde, das dreimal so tief ist wie der Topf hoch, und das rund um den Topf eine Handbreit Platz bietet. Darin unterhält man etwa zwei Stunden ein Feuer, bis reichlich Glut vorhanden ist. Mit einem Klappspaten wird die Hälfte der Glut herausgehoben, der Topf hineingestellt und mit der herausgehobenen Glut bedeckt. Dann die Grube mit dem Erdaushub abdecken und vier bis sechs Stunden sich selbst überlassen. Zum Essen wird die Grube geöffnet und der Topf herausgehoben.

Das Gericht kann auch in einem alten Gänsebräter zubereitet werden. Dieser schließt nicht unbedingt so dicht wie ein Dutch-Oven und es kann Sand und Asche in das Essen gelangen. Daher sollten Sie einen solchen Topf mit Alufolie abdecken.

Für diese Zubereitungsart eignet sich auch älteres Wild, weil die lange Garzeit auch eine Gans mit etlichen Tausend Flugstunden zart und schmackhaft macht. In heimischen Revieren wird man auf Rehwild, Schwarzwild oder Rotwild zurückgreifen.

Nachtisch

Apfelringe

Zum Fritieren reicht ein kleiner 8"-Dutch-Oven

- etwa 750 g Pflanzenfett zum Fritieren
- 4 große Äpfel
- 4 El Zucker
- 50 ml Rum
- 200 g Mehl
- 3 Eier
- 200 ml Milch
- Salz
- 1 Tl Zimt

Äpfel schälen, Kerngehäuse ausstechen und in etwa 1 cm dicke Scheiben schneiden. Mit Zucker, etwas Zimt und Rum beträufeln und etwas ziehen lassen – je länger, desto besser.

Aus Mehl, Eiern, Milch und einer Prise Salz einen Teig bereiten. Das Pflanzenfett im Dutch-Oven erhitzen, bis sich kleine Perlen bilden. Einzelne Apfelringe mit zwei Gabeln in den Teig tunken und in das Fett gleiten lassen. Wenn die Unterseite goldbraun ist, einmal wenden. Küchlein herausnehmen und auf Küchentuch abtropfen lassen. Kurz vor dem Servieren nochmals mit Zucker und Zimt bestreuen.

Dieser Nachtisch eignet sich gut für einen Outdoor-Tag, insbesondere, wenn die Äpfel beim Wandern selbst gesammelt wurden.

Holunderblüten im Weinteig

Wenn im Frühjahr die Holundersträucher blühen und den herrlichen Duft verströmen, dann sollte man einige der Dolden – gut aufgeblüht selbstverständlich – an einem heißen Tag um die Mittagszeit pflücken. Die Dolden vorsichtig transportieren, damit möglichst wenig Blütenstaub verloren geht.

- 1 Tasse Mehl
- 1 El Zucker
- Weißwein
- frisch aufgeblühte ungewaschene Holunderblütendolden
- Kokosfett zum Fritieren
- Puderzucker zum Bestäuben

Aus Mehl, Zucker und Weißwein einen dünnflüssigen Teig bereiten und die ungewaschenen (wichtig!) Dolden hineintauchen, am Stiel herausnehmen und so im Dutch-Oven in Kokosfett ausbacken. Mit Puderzucker bestäubt noch warm servieren.

Bratäpfel

- Pro Person ein Apfel
- pro Apfel je ein El Rosinen, gehackte Mandeln, brauner Zucker (oder Honig)
- Rum
- Butter

Den Apfel von oben aushöhlen und dabei das Kerngehäuse entfernen, aber so, daß die Schale unten nicht verletzt wird. Die Rosinen mit den Mandeln mischen und einige Zeit in Rum einlegen. Das Loch mit den gemischten eingeweichten Rosinen und Mandeln füllen und mit Zucker bestreuen, dann mit einer Butterflocke krönen. Im Dutch-Oven etwas Fett schmelzen, die Bratäpfel hineinsetzen und eine Stunde mit starker Oberhitze und wenig Unterhitze backen. Der Bratapfel ist fertig, wenn die Seite aufplatzt und er etwas in sich zusammenfällt. Es ist vorteilhaft, wenn Sie den Dutch-Oven mit Alufolie auslegen. Auf den Bratapfel gehört Vanillesoße oder Vanilleeis.

Cobbler

Für einen 8"- oder 10"-Dutch-Oven

Dabei handelt es sich um die Dutch-Oven Nachspeise schlechthin. Unglaublich einfach zu machen und ein Hit bei Kindern und Naschkatzen.

- 1 Backmischung Obstkuchen oder Mürbeteig
- 1 große Dose Tortenpfirsiche (geht auch mit Kirschen, Birnen, Mischobst etc.)
- Brauner Zucker zum Bestreuen
- Butter
- Pfirsichlikör

Die Pfirsichdose öffnen und komplett in den Dutch-Oven gießen. Die Backmischung öffnen und das trockene Pulver – so wie es aus der Packung kommt – über die Pfirsiche verteilen. Auf keinen Fall umrühren, das geschieht später durch das „Blubbern" beim Kochen. Auf die Backmischung Butterflocken setzen und Braunen Zucker darüberstreuen. Mit wenig Unter- und viel Oberhitze 15 bis 20 Minuten backen, bis die Oberfläche braun wird.

Der warme Cobbler ist mit Pfirsichlikör und Eis ein Hochgenuß.

(siehe nachfolgende Bilder)

Die Früchte in den Dutch-Oven füllen…

…mit der trockenen Backmischung auffüllen und mit Butter und Zucker bestreuen.

Der Cobbler wird noch warm aus dem Dutch-Oven gelöffelt und mit Pfirsichlikör und Vanilleeis gegessen.

Braunkohlwanderung

Das richtige Rezept für eine Braunkohlwanderung, die Ihren Gästen so noch lange in der Erinnerung bleibt. Feuern Sie am Treffpunkt ein Feuer an und treffen Sie dort die fröhlichen Mitwanderer. Wenn das Feuer heruntergebrannt ist, stellen Sie den Dutch-Oven in das Feuer und wandern los. Kommen Sie nach zwei Stunden zurück, ist der Braunkohl fertig und Sie brauchen nur noch die vorbereiteten Bratkartoffeln anzubraten, nach 15 Minuten hat jeder sein Essen heiß auf dem Teller.

Für den Dutch-Oven:
- Schmalz
- Zwiebelwürfel
- Braunkohl (Grünkohl) aus der Dose oder fertig vorgekocht
- Brühe
- lose Bregenwurst aus der Dose

Je Person:
- ein Mettende oder eine Bregenwurst (wenn Sie die bekommen)
- eine Scheibe Bauchfleisch
- eine Scheibe Kasseler
- eine Scheibe Räucherspeck

Einen guten Schlag Schmalz in den Dutch-Oven geben, Zwiebeln darin anschwitzen, den Braunkohl dazugeben und mit der Brühe angießen. Ist er noch nicht gewürzt, dann jetzt salzen und pfeffern und mit etwas Nelkenpulver Geschmack geben. Die Bregenwurst aus der Dose über dem Braunkohl zerpflücken und untermischen. Die Mettenden, Bregenwürste und Fleischscheiben unter den Braunkohl legen. Mit wenig Oberhitze lassen Sie den Topf in der heißen Glut stehen. Denken Sie daran: „Braunkohl muß glänzen wie eine frisch gepflügte Ackerscholle!"

Als weitere Zugabe eignet sich Bauchfleisch und Bregenwürste, die aber auch bei Platzproblemen frisch im Kessel gekocht werden können, aufgewärmt sind diese nicht so gut im Geschmack. Wer also ein Dreibein mit

Kessel zur Hand hat, der kann auch noch gekochte Würste und Bauchfleisch reichen. Dazu gehört Pfeffer, Salz, Maggi und Senf.

Für die Bratkartoffeln aus der Pfanne:

Pro Person

- ½ Tasse Speckwürfel
- ½ Tasse Zwiebelwürfel
- 2 Tassen gekochte Kartoffeln in Scheiben
- getrockneter Majoran, Kümmelpulver
- Pfeffer und Salz

Gute Bratkartoffeln zu machen ist eine Kunst, die aber leicht zu lernen ist: Wichtig ist die Tatsache, daß gute Bratkartoffeln fettig sind und sein müssen. Nehmen Sie eine möglichst große Pfanne oder einen großen Dutch-Oven (nicht den Deckel des Dutch-Ovens, der hat keinen Rand). Erhitzen Sie viel Schmalz in der Pfanne und geben Sie Speckwürfel dazu, braten Sie diese glasig.

Dann folgen die Kartoffeln. Damit diese gut braun werden, muß die Pfanne entsprechend groß sein, dann hat jedes Stück auch reichlich Kontakt mit dem heißen Boden der Pfanne. Jetzt ist es wichtig, die Pfanne gut zu schwenken bzw. die Kartoffeln gut durchzurühren, wenn die Pfanne zu schwer ist. Sind die Kartoffeln braun, kommen die Zwiebeln dazu – nicht vorher, sie verbrennen sonst!

Sobald die Zwiebeln glasig werden, würzen Sie mit Pfeffer und Salz, wenig Kümmelpulver und viel Majoran – mehr als man glaubt, daß genug ist. Dieses Gewürz paßt hervorragend zu Bratkartoffeln.

Zum Essen stellt sich jeder mit seinem Teller an und erhält einen Schlag Braunkohl, ein Mettende, eine Bregenwurst, eine Scheibe Speck, Bauchfleisch und Kasseler. Sollte auf dem Teller noch Platz sein, dann wird dieser vorsichtig mit den Bratkartoffeln gefüllt. Als Aperitif vorweg eignet sich ein eiskalter Doppelkorn, als Getränk dazu ein eiskalter Doppelkorn, eventuell mit einem kalten Bier, und als Absacker und Fettspalter hinterher natürlich ein eiskalter Doppelkorn.